和美德育

韩海河 主编

河北出版传媒集团

河北教育出版社

图书在版编目（ＣＩＰ）数据

和美德育 / 韩海河主编． -- 石家庄：河北教育出
版社，2023.4
ISBN 978-7-5545-7711-0

Ⅰ．①和… Ⅱ．①韩… Ⅲ．①德育－教学研究 Ⅳ.
①G41

中国国家版本馆CIP数据核字(2023)第052911号

书 名	和美德育	
主 编	韩海河	
责任编辑	吴 窈	
装帧设计	呼玉迈	

出 版	河北出版传媒集团	
	河北教育出版社 http://www.hbep.com	
	（石家庄市联盟路705号　邮政编码：050061）	
印 刷	平山县凯辉文化发展有限公司	
开 本	787mm×1092mm　1/16	
印 张	15.125	
字 数	233千字	
版 次	2023年4月第1版	
印 次	2023年4月第1次印刷	
书 号	ISBN 978-7-5545-7711-0	
定 价	48.00元	

体系化育人的有益探索

（代　序）

当前，无论是义务教育阶段还是非义务教育阶段，都在思考"培养什么样的人、如何培养人以及为谁培养人"的新时代"三问"，《新华日报》认为，这是党的教育事业的根本性问题。

尤其是党的十八大以来，国家将"立德树人"作为教育的根本任务，"育人为本，德育为先"已成为每一名教育工作者的思想和行为准则。然而，很多基层学校的德育工作却还经常处于一种尴尬的境地，甚至被边缘化。当前针对孩子们的思想道德建设似乎总达不到社会预期的效果，有些不恰当的德育工作方法还激化了孩子们的逆反心理，使得德育工作事倍功半甚至事与愿违。

认真研究新时期中小学德育工作现状尤其是中小学生的思想发展现状，有针对性地提出相应的对策，使中小学德育工作逐步取得实实在在的成效，对于整个国家的未来发展具有十分重要的意义，也是各级各类学校教育工作者责无旁贷的使命！

正是基于这样一个大的时代背景，中小学阶段又是立德树人教育的关键时期，进行立足本地实践的育人探索就显得格外重要，尤其值得广大学校持续关注和深入研究。早在 2009 年河北省邯郸市涉县新北关小学开始了对此项工作的系统化思考与探索。

2023 年 4 月，一部《和美德育》呈现在新北关小学师生面前。这是一项从实际工作中总结、凝练和提升出来的成果，也是全体师生发奋努力与集体智慧的卓然之作。

全书主要由三个部分构成。从节庆主题活动的每一个工作点，辐射到习惯养成教育的每一条培养线，再到采取适当评价方法进行管理与引导的机制，构成了新北关小学完整的育人体系。

这部书是面向青年教师的德育工作指导手册，对于如何开展德育工作而经验欠缺的青年教师来说，本书提供了良好的、简洁的路径引导，逐条落实就可以做好德育工作。这部书也是学校开展进行德育管理的借鉴手册，对于德育管理工作混乱和没有条理的学校来说，按书中所讲进行学校德育工作开展，即便是第一次参考，其效果相信也不会相去甚远。这部书还是学校与学生、家长共同阅读的行为习惯养成读本，在不同的时期，适合培养学生什么样的良好习惯，如何对孩子进行养成教育引导才是科学的、适宜的，这本书为家长与学生提供了借鉴。

我们常说，立德树人工作的主渠道、主阵地在学校，这就要求必须抓实"育人为本，德育为先"的德育工作指导思想，真正落实德智体美劳全面发展的教育教学实践，转变学校德育工作方法，让德育工作生动起来，让学生在快乐中逐步接受教育，研究学生的需要，满足和尊重学生的合理需求，做到以人为本。

此外，我们还要善于创设良好的德育氛围，实现从传统德育向开放德育的转变，训导德育向互动德育转变，理论德育向生活德育转变。以上理念同样是《和美德育》想要传递给广大读者的重要理念和实践做法。

基层学校编撰图书、出版图书并不容易，不仅时间紧张，专业不熟悉，更有许多现实困境。可是，欣喜的是涉县新北关小学以一往无前的信念、孜孜不倦的努力、百折不回的魄力、臻于至美的细节，历经波折方使本书得以出版，同感欣慰，并为之祝贺！

此为序。

葛典社

《河北教育》编辑部副主任

2023 年 4 月

目录
CONTENTS

管 理 篇

概　述

涉县新北关小学始建于 2009 年，2012 年从涉城镇中心校独立，隶属涉县教育体育局。办学多年来，学校一直秉承"和美育人，多彩发展"办学理念，以"和美做人，踏实做事"为校训，以"精彩六年，幸福一生"为办学宗旨，着力培养新北关和美少年、革命老区好少年、德智体美劳全面发展的新时代好少年，近年来已迅速成为学生满意、家长放心、社会认可的区域知名学校。

2018 年，习近平总书记在全国教育大会上强调：要努力构建德智体美劳全面培养的教育体系，形成更高水平的人才培养体系。《小学德育纲要》明确提出：要根据小学生的年龄特点，遵循小学生生理心理发展的基本规律，运用生动感人的题材和形象化的方式对学生进行教育，要针对不同年级学生的知识水平和理解能力，分清层次，由浅入深，由近及远，从具体到抽象，循环反复，不断加深。

学校紧紧围绕习近平总书记的教育战略指导思想——培养什么样的人，以及《小学德育纲要》的要求——如何培养人，紧抓"立德树人"这个根本任务，注重培养学生的思想道德情操和理论文化修养。学校始终以健全学生人格为目标，以情感培养为核心，以实践体验为途径，以学生主体性活动为载体，着力提高学生的道德品质、责任担当和创新实践能力，兼顾不同学段、不同年级、不同对象的特点，全方位、多角度、分层次开展一系列贴近生活实际的德育教育活动，逐渐构建起方向正确、内容完善、学段衔接、载体丰富的德育工作体系，形成了以节庆教育、养习教育、和美评价为主题的"和美德育"三大体系。

一、开展节庆教育，弘扬传统美德

节庆教育就是通过中华民族传统节日、革命纪念日、生态文明日等

12个主题节日的教育，引领学生从小树立正确的世界观、人生观、价值观，让新北关的孩子们在认知和实践的过程中长知识、添智慧、明志向。

学校围绕春节、端午节、中秋节等节日开展一系列传统节日教育活动。在新春佳节期间，开展"迎新春，庆团圆"主题教育活动，引导学生参与写春联、包饺子、挂灯笼等传统民俗活动，让学生在品味春节的民风民俗中感受中华民族优秀传统文化的魅力，感受团圆祥和的亲情，从而树立"百善孝为先"的道德观念。端午节又是一个重要的传统节日，通过开展以"香飘万粽，端午传情"为主题的系列活动，锻炼和培养学生的动手能力，增进学生对我国传统文化的了解，缅怀先辈，传承民族精神。在以"情浓中秋，月满人间"为主题的中秋节活动中，充分发掘中秋节的深厚文化内涵，结合有关月亮的古诗文，引导学生认知传统、弘扬优秀传统文化，激发广大师生的民族自豪感。

在雷锋日、清明节、建党日和国庆节期间，学校开展了红色革命文化教育活动。在3月5日开展的以"争当雷锋式少年"为主题的德育节庆教育活动中，组织学生在学校的雷锋广场，集体缅怀伟大的共产主义战士雷锋，进一步学习和弘扬雷锋精神，鼓舞和激励一代又一代的少年不断进步、茁壮成长。在清明节来临之际，开展以"缅怀革命先烈，感恩幸福生活"为主题的教育活动。涉县是革命老区、红色圣地，抗日战争时期曾有110余个党、政、军、财、文等机关单位在此长期驻扎。新北关小学根据这一得天独厚的红色教育资源，抢抓这一革命传统教育的极好契机，组织学生徒步到八路军一二九师司令部旧址、左权将军墓等红色爱国主义教育基地，开展爱祖国、爱家乡、敬怀革命先烈、珍惜美好幸福生活的远足活动。在7月1日建党纪念日来临之际，开展以"童心向党，放飞梦想"为主题的系列活动，组织学生参观学校的红色文化展厅，认真开展"学党史、听党话、感党恩"的党史学习教育活动，加强学生思想道德建设，切实增进学生爱党、爱国、爱社会主义的情怀，营造活泼向上的校园文化，同时让每一个学生在活动中展示风采，在参与中体验成功，从而使他们幸福快乐地健康成长。每年10月1日的国庆节，学校开展"迎国庆，颂祖国"为主题的德育节庆教育课程，培养学生良好的爱国情操，增强少先队员的集体荣誉感，进一步加强未成年人的思想道德建设。

在以生态文明为主题的"世界地球日"活动中，通过开展"保护地球，爱我家园"为主题的节庆教育课程，增强学生们的环保意识和节约意识，积极推动绿色校园的创建，并以此为契机，将节约资源和保护环境渗透到学生们的日常学习生活中去，让学生们深刻认识到"人类只有一个地球"，了解保护地球的重要性，让保护环境成为学生们的一种自觉行为。

二、开展养习教育，培养良好习惯

养习教育就是通过升旗礼、入学礼、入队礼、毕业礼和自己的事情自己做、走进乡村实践活动、研学远足等7个养习主题活动，来培养学生的爱国热情，增强他们的民族自豪感和使命感，加强对学生生活自理能力的培养，从而让学生从小树立良好的生活习惯，珍惜现在的幸福生活，懂得感恩，进而培养学生吃苦耐劳、坚韧不拔的品质。

全体学生德育养习教育课程为每周一次庄严的升旗礼。此课程旨在加强爱国主义教育，培养学生的爱国热情，增强民族自豪感；推进文明校园、和谐校园建设，塑造师生良好形象；提高学生集体意识，培养学生集体荣誉感，增强团队凝聚力。

一年级德育养习教育课程为"入学礼"。新入学的孩子、家长跟老师一起互动，增进彼此的了解和信任，真实感受学校良好的学习生活氛围，了解新北关小学的"凤凰文化"，了解学校的校徽、校歌、校训，增强荣誉感和自豪感，体会新北关小学是个温暖的大家庭，给孩子们留下一个难忘美好的回忆，开启他们人生中快乐的旅程。

二年级德育养习教育课程为"入队礼"。此课程让学生了解少先队建队来历，加深对少先队组织的认识，树立正确的规范意识，增强作为一名少先队员的光荣感和责任感，加深学生对红领巾的认识和理解，引导少年儿童争做文明、守纪、进取的学生，激发学生对少先队组织的热爱，增强少先队员的荣誉感和使命感，培养少先队员和家长们爱家、爱校、爱党的情感。

三年级德育养习教育课程为"我能行"。以此加强学生生活自理能力的培养，规范学生的行为，树立"自己的事情自己做"的自主意识，培养学生养成良好的生活习惯，让学生得到全面、和谐的发展。

四年级德育养习教育课程为"劳动美"。此活动旨在引领学生走进乡村进行实践活动，让学生亲自下地劳动，亲身参与实践，体会劳动的意义，让学生懂得珍惜劳动成果，感受幸福生活来之不易，进一步培养学生的社会实践能力和吃苦耐劳的意志力。

五年级德育养习教育课程为"家乡美"。这一远足活动的目的是增强学生体质，强化学生的集体意识，培养学生坚韧不拔的意志和吃苦精神，使他们树立亲近自然、热爱家乡、保护环境的意识。

六年级德育养习教育课程为"毕业礼"。通过毕业礼仪式，增强学生的爱校情感，使学生充分体会到作为新北关学子的自豪感，同时勉励学生进入新的学校后不断努力，做到"今天我以新北关为荣，明天新北关以我为荣"。

通过一系列主题德育活动，拓宽了学校养习教育渠道，使学生养成良好的学习习惯、行为习惯和生活习惯。学生六年的好习惯，铸就他们一生的好品质。

三、深化和美评价，实现立德树人

2020年10月，中共中央国务院关于印发《深化新时代教育评价改革总体方案》中明确指出：教育评价事关教育发展方向有什么样的评价指挥棒，就有什么样的办学导向。为完善立德树人体制机制，扭转不科学的教育评价导向，坚决克服唯分数、唯升学、唯文凭、唯论文、唯帽子的顽瘴痼疾，涉县新北关小学通过和美少年、和美教师、和美班级、和美级部、和美家长五项评选活动，激励学生勤奋上进，养成良好的道德品质；激励教师锐意进取，提升师德修养；激励家长携手前行，共育幼苗，从而使学校、家庭、社会三位一体有机结合，促进孩子的健康成长。

"和美班级"一周一评比。班级考核从养习教育、节庆教育、安全教育、公物管理环境卫生四方面进行考核，一周一评比，在升旗仪式上进行表彰。同时，每周升旗仪式上都设置"发现身边的美"这个环节，值周领导或者师生代表讲述上周发生在学校里的最美故事，围绕"读好书、写好字、说好话、做好操、扫好地、走好路"等方面，用故事和细节记录师生的成长。

"和美少年"两周一评选。学校根据《中小学德育工作指南》，将德育目标具体化、序列化，将社会主义核心价值观和年段德育目标落实到综合评价中，用"赤、橙、黄、绿、青、蓝、紫"7种颜色的花瓣形徽章，分别代表感恩少年、阳光少年、文明少年、环保少年、诚信少年、书香少年、才艺少年，每一种称号的评选都有具体标准，学生通过自己申报、小组评议、全班评议、教师评议4个程序，获得单项少年徽章。徽章实行动态管理，评选时针对已获徽章的违纪行为学生，实行摘徽章制度。学生集齐7种颜色的徽章后，就被授予"和美少年"称号。每学期评出的"和美少年"，其独具个性的照片和颁奖词都会集中展示在校园的展牌上，他们在成为"校园明星"的同时，也为"和美校园"增添色彩。

"和美教师"一年一评选。结合教师年度考核，对全体教师从德、能、勤、绩、廉5个方面进行全面考核，注重抓过程、抓细节，被评为"和美教师"的教职工，年度考核为优秀等次，评优评模优先推荐。

"和美级部"一月一评比。学校从教学管理、德育管理、安全管理和财务管理四个方面，制定具体的考核细则，每月对级部进行一次全面考核，并隆重表彰，被评为"和美级部"的所有教师集体上台领奖，享受荣耀，为获得"和美级部"而感到自豪，级部主任代表级部做经验交流，从而增加教师工作的内驱力。

"和美家长"半年一评选。"和美家长"评选细则分为教子有方、班级支持、奉献爱心、率先垂范、育子方式和家校共育。评选过程首先由家长申报，家长会评议，结合孩子的表现，综合评出"和美家长"，最后在家长会上家长和孩子一同上台领奖，并做经验介绍，让榜样成为激励人心的靓丽风景。

一系列"和美评价"，让全体师生和家长学有榜样，赶有方法，养成良好的行为习惯，让优雅的举止成为每一位师生最好的名片，这是学校义不容辞的责任。

"登山须正路，饮水须直流。"和美德育课程的实施和践行，构建起学校育人模式的新格局，形成团队育人合力，打造精准的精神文化、科学的管理文化、实效的行为文化。涉县新北关小学将认真贯彻落实习近平总书记新时代中国特色社会主义思想，坚持为党育人、为国育才，努力构建学校和美德育体系育人模式。实现"学生美、教师美、家长美、班级美、学校美"的全员、全过程、全方位的育人管理目标，是每一位新北关小学教师为之奋斗的使命和愿景。

节 庆 篇

弘扬传统美德，开展节庆教育。节庆篇包括十二个主题活动，这一系列活动以我国传统节日为基础，引领学生了解中华传统文化，从而进一步弘扬和传承中华民族的传统美德。

一月一主题，班班有展示。学校充分利用一年当中有意义的节日，对学生进行节庆教育。例如：5月份"我劳动 我光荣"；6月份"我的节日我做主"；7月份"童心向党 放飞梦想"；9月份"金秋九月颂师恩"；10月份"颂祖国 迎国庆"主题教育；等等。通过活动的开展，在认知和践行的过程中培养和引导学生长知识、添智慧、明志向。

"爆竹声中一岁除，春风送暖入屠苏""独在异乡为异客，每逢佳节倍思亲"。让学生在节庆中走进传统文化，在革命纪念日中学习弘扬红色革命精神，在生态文明活动中了解保护地球，追求激情和理想，从小树立实现中华民族伟大复兴中国梦的远大理想。

"元旦"的"元"，指开始，是第一的意思，凡数之始称为"元"；"旦"，象形字，上面的"日"代表太阳，下面的"一"代表地平线。"旦"即太阳从地平线上冉冉升起，象征一日的开始，象征着新生，更是一种对希望的寄托。每年公历的1月1日被称为"元旦"。

欢庆元旦 喜迎新年

活动方案

活动目的：

通过活动的开展，增强师生的凝聚力和向心力，从而丰富学生的课余文化生活，激励学生和乐共进，美善同行，以更饱满的激情投入新一年的学习中去。

活动时间： 12月最后一周

活动地点： 教室

活动内容：

（一）新年回顾

各班开展主题班会，让同学们总结自己过去一年的成功与失败，随机选择3—5人发言，老师做总结。以班级为单位，自行组织。

（二）新年展望

1.制作一张心愿卡，将新年愿望粘贴在本班教室后黑板上。

2．选一本励志书籍，把读书心得讲给同学们听。一年级制作心愿卡，每个班级上交 2 份精品；二年级完成《新年展望》作品，政教处领取作品纸，每个班级上交 5 份。

（三）书画展览

1．写一张与元旦有关的书法作品。

2．画一张与元旦有关的绘画作品。

三年级每班完成元旦主题的硬笔书法作品 2 幅，完成有关元旦的手抄报 2 份，政教处领取作品纸；四年级每班完成元旦主题的硬笔书法作品 2 幅，完成有关元旦的手抄报 2 份，政教处领取作品纸；五、六年级每班 1 份软笔书法精品。

（四）幸运抽奖

老师准备 10 份小礼物，让学生随机抽奖，来激励大家的快乐成长。以班级为单位，自行组织。

（五）文艺表演

新年伊始，既是学生们放松娱乐的时刻，也是学生努力奋斗的时刻。各班可根据本班实际情况举办元旦联欢会，让学生们在班级的舞台上展现自我，喜迎新春。

（六）讲红色革命故事

学校统一组织"赓续红色血脉 传承革命精神"师生讲解大赛。

活动要求：

1．班主任利用班会提前布置，让学生有充足的时间准备各项任务，充分发挥自己的聪明才智，使活动尽量丰富多彩。

2．每项活动拍照，将优秀作品照片上传学校网站，留作纪念。

3．幸运抽奖活动，设置一等奖二个、二等奖三个、三等奖五个。

4．将学生的新年计划留记录，最后实现目标者根据班级实际情况作特别奖励。

5．各班按学校指定位置办好迎元旦书法绘画展览，学校派人给各班展览作品评比打分，最后选出优秀班级进行表彰。

6. 活动结束后，1 月 7 日前，各级部上交相关作品：一年级心愿卡，二年级《新年展望》，三、四年级硬笔书法和手抄报，五、六年级软笔书法。

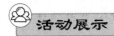活动展示

数九寒天暖人心 欢歌笑语庆元旦

——元旦活动纪实

2021 年转瞬即逝，新的一年悄然而至。为了渲染节日气氛，丰富学生的学习生活，弘扬中华传统文化，促进学生全面发展，在元旦前新北关小学开展了一系列师生"欢庆元旦，喜迎新年"联欢活动。

在各级部的精心筹备下，孩子们拿起手中的笔创作出精美的元旦作品，还绘制出内容丰富的手抄报。每幅作品都是他们对新年最好的祝愿。

在班级联欢会上，孩子们精心准备了丰富多彩的节目，有动听的歌曲，有欢快的舞蹈，有娴熟的器乐表演，有幽默诙谐的小品、相声，给寒冷的冬天增添了一份火热的激情。

联欢会上进行了幸运大抽奖活动，把联欢会推向了高潮。最后，全体教师在凤凰厅举行了红歌大合唱联欢。活动现场，韩海河校长致新年贺词，随后六个级部分别进行了《我们走在大路上》《歌唱祖国》《没有共产党就没有新

学生绘画作品

中国》等合唱演出。红歌大合唱充分展现了全体教师朝气蓬勃、青春奋发的精神面貌，更体现了级部的团结意识，增强了集体凝聚力、向心力和创

新力。

　　元旦联欢活动虽然落下了帷幕，但是欢乐喜庆的节日气氛却洋溢在学校的每一个角落。希望在新的一年里，全体师生能扬起自信的风帆，用勤奋和汗水努力学习，让自己走得更远，飞得更高！

昨夜斗回北，今朝岁起东。
我年已强仕，无禄尚忧农。
桑野就耕父，荷锄随牧童。
田家占气候，共说此年丰。润佳书

学生书法作品

赓续红色血脉 传承革命精神
——师生讲解大赛

为让全体师生过一个有意义的元旦佳节，充分发挥新北关小学红色文化展厅的育人功能，涉县新北关小学于 12 月 28 日举行了"赓续红色血脉，传承革命精神——革命故事讲解大赛"。级部首先在班级开展讲解，然后在级部遴选，最后各级部选派教师代表和优秀学生代表参加本次师生讲解员大赛。感人真挚的红色故事，惟妙惟肖的精彩讲解，在和美校园里回荡着……

挺进太行: 1931 年，日本悍然发动九一八事变，开始侵华战争。中国人民奋勇反抗。1937 年 7 月 7 日，卢沟桥的炮声惊醒了四万万中国人民，中华民族历史上残害最烈、时间最长、损失最大的民族侵略战争全面爆发。国难当头，

红色文化展厅

八路军一二九师奉命开赴抗日前线，东渡黄河挺进太行。小讲解员通过绘声绘色地讲解带领大家回首那段峥嵘岁月。

鏖战太行: 经年鏖战，捐躯报国，战魂千古不绝。此次战斗削弱了日军的空中力量，不仅起到了稳定晋北战局的作用，而且加强了全国军民对敌后游击战争重要性的认识，进一步提高了共产党与八路军的声威。

情铸太行: 1942—1943 年，边区自然灾害严重，在八路军一二九师的率领下，大家克服重重困难，军民大生产，为抗日战争的胜利提供了有

13

力的物资保障。

师出太行：甲帐挥兵，千秋功业，倭寇纷纷灭。1945 年 8 月 15 日，日本宣布无条件投降，历时 14 年的中国人民抗日战争，终于以正义力量的胜利宣告结束。

在此次红色故事讲解大赛中，教师引领示范，参与其中。参赛选手个个出神讲解，学生听得入神。中高年级的学生们不时将精彩片段、优美语句逐一记录下来。

2021 年 12 月新北关小学被评为邯郸市德育特色校。学校将以此为契机更好地讲红色故事，传承红色基因，扎实开展"学党史，感党恩，听党话，跟党走"活动，把讲红色革命故事纳入学校常态化管理，把八路军一二九师精神发扬光大，让红色革命的种子在校园生根发芽，开花结果。牢记红色革命初心，开启新年奋斗新征程！

教师讲解红色革命故事

为了迎接元旦的到来，感受节日气氛，营造文明健康的校园活动氛围，新北关小学各级部组织了一系列丰富多彩的文体活动，既愉悦了学生们的身心健康，也丰富了校园文化生活。

召开主题班会

班会上，学生对一年来的学习和生活进行总结，谈自己的成功与失败，找出存在的问题和不足，为新一年的学习和生活找到努力的方向和目标。学生们制作了精美的新年愿望卡，那一张张小小的卡片虽然颜色不同，形状不同，都藏着一个美好的愿望、一种愉悦的心情、一个美丽的梦想。最后，同学们将自己最喜欢的书籍相互分享。

画笔飞扬绘新年

一张张漂亮的作品，体现了学生之间合作精神和集体荣誉感，更展示了他们的知识与才华。

书写汉字展情怀

一字一世界，一笔一精神。汉字是中华文化的灵魂和根基，也是传承中华文化的载体。作为新时代的少年，要紧握汉字书写之笔，重兴汉字书写之风，展现汉字书写之美。这是中华传统文化传承之需要，是中华民族实现伟大复兴之必然。本次书法比赛主要培养学生们练字的兴趣，使他们养成良好的书写习惯。通过这次比赛，学生对练习书法有了浓厚的兴趣。原来好动的同学经过练习书法后，就变得比较沉

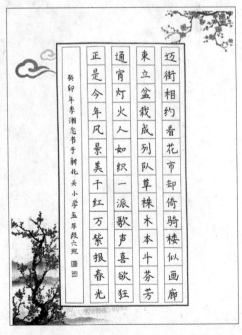

学生硬笔书法

节庆篇

15

稳、细心，注意力更加集中，不仅增强了审美意识，写字能力明显得到提升。

元旦文艺汇演

演出中，学生们通过唱歌、跳舞、朗诵、小品、游戏等丰富多彩的形式来迎接新年的到来，表达他们对新年的祝福与向往。这次活动，为学生们提供了一个很好的展示自我、锻炼自我的平台，有力地促进了他们的全面发展，大大提高了学生的综合素质。

讲红色革命故事

学生在参与活动的同时感受到幸福生活的来之不易，立志要努力学习，长大后报效祖国。

此次"欢庆元旦 喜迎新年"活动的开展，为学生们提供了锻炼的机会，推动了校园文化建设，丰富了校园文化生活，给学生留下了美好的回忆。

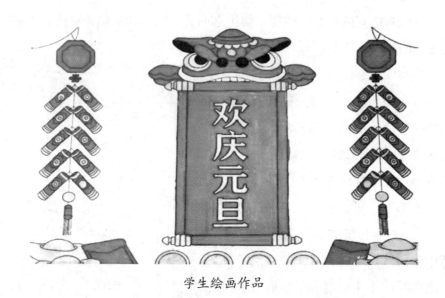

学生绘画作品

春节，指农历正月初一，也指正月初一以后的几天，又叫阴历年，俗称"过年"。这是我国民间最隆重、最热闹的一个传统节日。春节历史悠久，它起源于殷商时期年头岁尾的祭神祭祖活动。按照我国农历，正月初一古称元日、元辰、元正、元朔、元旦等，俗称"年初一"。公历的 1 月 1 日称为"元旦"，农历的一月一日称为"春节"。

迎新春 庆团圆

活动方案

活动目的：

爆竹声声辞旧岁，欢天喜地过大年。在新春佳节来临之际，通过引导学生参与写春联、包饺子等传统民俗活动，让学生在品味春节的民风民俗中感受祖国传统文化的魅力，感受团圆祥和的亲情，树立"百善孝为先"的道德观念。

活动时间：春节期间

活动地点：家里

活动内容：

（一）节日宣传

让每个学生通过自己搜集资料、深入了解节日内涵，谈谈自己的收获和感受。

节庆篇

17

（二）活动形式

1. 讲好一个新春小故事。

讲讲历史上有关春节的故事以及人们过春节的风俗习惯，加深对春节的了解。

2. 编写一副新春对联。

一至三年级的学生在家长的帮助下完成；四至六年级的学生用自己所学知识进行创作。

3. 制作一张新春贺卡。

在贺卡上添加创新元素，写下自己的新春期盼和祝福。

4. 拍摄一些新春图片。

拍摄亲人包饺子图片、家人看春晚图片、亲人拜年图片等。

5. 编写一条祝福微信。

发给家中长辈或老师一条祝福微信，向他们拜年。

6. 自拍一个新春小视频。

自拍一个新春小视频，加入自己的才艺展示、新春劳动和新春愿望。

（三）展示评比

新春结束后，同学们将春节期间的所有作品交给老师，老师挑选精品上交学校政教处，统一评比表彰。

活动要求：

1. 同学们要拍照记录每项活动，然后发送给老师，由老师进行整理。

2. 开学后，老师将作品进行整理打分，最后选出 2—3 个优秀作品上交学校。

3. 开学后对于积极参与活动的学生给予表扬和鼓励。

春节的起源

春节的起源，民间主要有两种说法：一种说法是，古时候，有一种叫作"年"的凶猛怪兽，每到腊月三十晚上，便挨村挨户到村庄觅食人肉，残害生灵。又到了腊月三十晚上，"年"来到一个村庄，适逢两个牧童在比赛打牛鞭子。"年"忽闻半空中响起了啪啪的鞭声，吓得落荒而逃。它窜到另一个村庄，又迎头望见一家门口晒着件大红衣裳，它不知其为何物，吓得赶紧掉头逃跑。后来它又来到一个村庄，朝一户人家门里一瞧，只见里面灯火辉煌，刺得它头昏眼花，只好又夹着尾巴溜了。

人们由此摸准了"年"有怕响、怕红、怕光的弱点，便想到许多抵御它的方法，于是逐渐演化成今天过年的风俗。

另一种说法是，我国古代的字书把"年"字放禾部，以示风调雨顺，五谷丰登。由于谷禾一般都是一年一熟，"年"便被引申为岁名了。我国古代民间虽然早已有过年的风俗，但那时并不叫作"春节"。

那时所说的春节，指的是二十四节气中的"立春"。南北朝则把春节泛指为整个春季。据说，把农历新年正式定名为春节，是辛亥革命以后的事。

由于那时要改用阳历，为了区分农、阳两节，只好将农历正月初一改名为"春节"。

学生绘画作品

节庆篇

和美德育

春节习俗

春节是中国民间最隆重盛大的传统节日，是集祈福禳灾、欢庆娱乐和饮食为一体的民俗大节。春节历史悠久，由上古时代岁首祈岁祭祀演变而来，在传承发展中承载了丰厚的历史文化底蕴。新春贺岁活动围绕祭祝祈年，以除旧布新、拜神祭祖、驱邪禳灾、祈求丰年等形式展开，内容丰富多彩，热闹喜庆，年味浓郁，凝聚着中华文明传统文化的精华。春节期间，全国各地都举行各种贺岁活动，各地因地域文化不同而又存在着习俗或细节上的差异。

学生书写新春对联

我国过年历史悠久，在传承发展中已形成了一些较为固定的习俗，有许多还在相传，如买年货、扫尘、贴对联、吃年夜饭、守岁、拜岁、拜年、舞龙舞狮、拜神祭祖、祈福禳灾、游神、押舟、逛庙会、游锣鼓、游标旗、上灯酒、赏花灯等。传统的节日仪式与相关习俗活动，是节日元素的重要内容，承载着丰富多彩的节日文化底蕴。

活动总结

学校积极组织全校学生开展形式多样的"迎新春，庆团圆"活动，学习节日文化，搜集节日资料，深入了解春节的文化内涵，展示节日收获和感悟。

20

通过观看春节文艺节目，增强学生对民族传统节日的喜爱，同时结合学校特色，要求学生以书画形式表现节日的喜庆，加强学生对中华文化的理解。鼓励学生积极收集春联且诵读，并在开学后让其展示自己收集或是编写的春联，引导学生学习欣赏春联、创作春联、书写春联。拜年是人们辞旧迎新、相互表达美好祝愿的一种方式。大年初一，孩子们穿新衣，戴新帽，去给长辈们拜年。

此次活动，学生们感受到我国传统节日的热闹气氛，体会到人们对美好生活的热烈向往，并亲身感受到中华民族文化的魅力，进而更加了解我们的民间风俗习惯，热爱我们中华民族的传统文化，在心中树起民俗文化之根。

610中队 张阳杰

春节

在我们中国有一个最隆重，最盛大，最热闹的节日，叫做春节。每到春节，全国上下便是红火的，喜庆的。

在年二十七到二十九这几天，大家都在大扫除。贴对联和一些小挂饰，但这些物品无一例外，都是红色的。因为红色在中国代表了吉祥，幸福和平安，所以在过节的时候，无论在街上还是在家里都能看见一片红色。

在除夕这一天，是最忙的。忙什么呢？就是忙着做年夜饭！年夜饭又叫做团圆饭，在除夕晚上，无论多忙，在外的人都要回家吃年夜饭，意为：团团圆圆。所以在这一天，只要你来到菜市场和餐厅的话，你就会看到人山人海的景象，傍晚，每家每户都会飘出饭菜的香气和浓浓的亲情感。

到了年初一，就没有除夕这么热闹了，因为大家都在休息呢！但大年初一这一天还有一个重要任务，那就是拜年。我过年最喜欢这天了，因为可以收红包呀！每到这天，我总是东家走西家串地去收红包，但要收多收一些，嘴巴就一定要够甜。

大年初一拜个年，风调雨顺平安年，吉祥如意健康财源广进发财年，美梦成真成功年，五谷丰登幸福年，祝君美美幸福年。

分数＿＿＿＿＿　家长签字：＿＿＿＿＿　年　月　日

21

雷锋，原名雷正兴，湖南省长沙市望城县人。雷锋是一位伟大的共产主义战士，是全心全意为人民服务的楷模。雷锋同志因公牺牲后，他的日记与事迹陆续被一些新闻媒体报道出来。1963年3月5日毛主席"向雷锋同志学习"的题词在人民日报发表，学雷锋纪念日由此而来。

争当雷锋式少年

活动方案

活动目的：

3月5日，是学雷锋纪念日。为进一步学习和弘扬雷锋精神，鼓舞和激励一代又一代的少年不断进步、茁壮成长，学校大队委决定在3月深入开展"争当雷锋式少年"主题活动。

活动时间：3月

活动内容：

（一）唱雷锋歌曲

全体学生在歌声中，进一步深刻理解雷锋精神，接受心灵的洗涤。

（二）写雷锋日记

学生们续写雷锋日记，争当雷锋传人。

（三）讲雷锋故事

学生们通过讲发生在自己身边的"活雷锋"故事，学习他们的无私奉献精神。

（四）办雷锋手抄报

学生们把自己对雷锋精神的理解化作一幅幅生动的图画，一句句暖人的话语。

（五）践雷锋行动

做一件好事，把对雷锋的敬意，变为实际行动。

活动要求：

1. 各班参照本方案，结合本班实际，明确活动内容，分工负责，落实到人，使各项活动扎实有效开展。针对"学雷锋纪念日"开展主题班会。各班由班主任组织主题班会，对"学雷锋纪念日"进行讨论，讨论的内容可以是：雷锋有哪些精神？雷锋有哪些感人故事？我们应该如何学雷锋？你认为现代的雷锋精神是什么？从而让学生们认识到雷锋精神处处可见，现实生活中要时刻践行雷锋精神。

2. 每班利用班会课对本次活动进行认真总结评比，评出本班三名"小雷锋"。

3. 学校评选出校级"学雷锋标兵"和"雷锋班级"。

4. 活动结束，各班要及时做好总结，报送大队部，将此次活动所有材料归档。

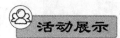 活动展示

弘扬雷锋精神 争做和美少年
——启动仪式

为进一步弘扬传承雷锋精神，争做新时代和美少年，新北关小学于3月5日上午在"雷锋广场"开展学习雷锋活动启动仪式。雷锋，一个我们耳熟能详的名字，一个刻在我们世世代代中国人心中的名字。雷锋的名言"人的生命是有限的，可是为人民服务是无限的。我要把有限的生命投入

节庆篇

到无限的为人民服务当中去",激励着一代又一代人奋发向上,不断努力奋斗。本次活动主题是"弘扬雷锋精神,争做和美少年",口号是"学雷锋,从生活点滴做起"。

活动伊始,全体师生一齐唱响《学习雷锋好榜样》,优秀学生代表向全体同学发起向雷锋学习的倡议,少先队大队长带领全体学生进行宣誓,校长韩海河向学生提出殷切希望:希望全体学生弘扬雷锋精神,向雷锋叔叔学习,从小养成良好的行为习惯,互相帮助。在学校做一个好学生,在家里做一个好帮手,在社会做一个好公民,时时刻刻严格要求自己。最后,学生们在老师带领下,走进社区,开展了"学雷锋"实践活动。

雷锋精神是时代最强音,是一面引导我们向上攀登的光辉旗帜。今后我们要从小事做起,沿着雷锋叔叔的足迹,努力学习,乐于助人,投入无限的为人民服务当中去。雷锋可以是我,也可以是你,让我们一起从自身做起,弘扬雷锋精神,争做我们新北关小学的和美少年,去创造更加美好的精神家园!学雷锋,我们在行动!

少先队大队长讲雷锋故事

学雷锋精神做和美少年

——主题演讲

敬爱的老师、亲爱的同学们：

大家好！今天我演讲的题目是"学雷锋精神，做和美少年"。

三月，春回大地，万物复苏；三月，风和日丽，绿柳成行。在这"吹面不寒杨柳风""草长莺飞二月天"的时节，我们又一次迎来了学雷锋活动月。

学雷锋启动仪式上学生在签名

几十年来，雷锋这个平凡的名字传遍大江南北；几十年来，一种崇高的精神长存天地之间。雷锋形象在人们的心目中扎下了根，雷锋精神成为一个永恒的主题，一颗珍贵的火种，代代相传。它的核心是为人民服务、热心公益、乐于助人、扶贫济困、见义勇为、善待他人和奉献社会。时代在发展，社会在进步，但雷锋精神永远都不会过时。

作为一名小学生，我们应该怎样把雷锋精神发扬光大呢？从身边的小事做起，做文明的小学生。文明存在于我们每一天的学习、生活当中，每个人的仪容仪表和行为习惯都是它最细致的体现。良好的文明礼仪会让人感到一丝丝暖意，会增进人与人之间的友谊。

那么怎样才能使自己成为一名合格的和美少年呢？在此我建议同学们从以下几方面做起：

首先，举止端庄，言行文明。我们要着装得体，符合学生身份，见到

节
庆
篇

25

老师和同学要主动问好。

其次，讲究卫生，保护环境。学校是我们共同的家，置身于美丽的校园中，同学们都会感到舒心惬意。所以让我们赶快行动起来，自觉改正乱丢杂物的不良习惯，做到"垃圾不落地，校园更美丽"，用我们的实际行动净化校园、美化环境。

再次，爱护公物，节约资源。保持公物清洁卫生，服从老师管理。同学们，虽然我们现在还不能为社会创造财富，但至少应该懂得爱惜公物。那么就让我们从身边的每一件小事做起，节约一张纸、一度电、一滴水……"不积细流，无以成江海。"因此，我们应努力养成节俭的习惯，这将使我们受益一生。

最后，互助互爱，团结协作。受到老师、同学的帮助，应主动诚恳地说"谢谢"。如果与同学之间有矛盾，多进行自我反省，互相理解，宽容待人，培养较强的协作精神，这样才能使班级更团结、同学间友谊更深厚。

同学们，我们是学校的主人，让我们携起手来，从现在做起，从自身做起，规范我们的言行和举止，用实际行动把雷锋精神发扬光大，让文明礼仪之花永驻校园！同学们，让我们同舟共济，互助互爱，担当奉献，做一个新时代的"雷锋"，共创学校美好的明天！

五年级（5）班　陈思帆

活动总结

三月春风暖人心，雷锋精神永传承。雷锋是默默付出、永不生锈的"螺丝钉"，他代表着甘为人梯、不求回报的奉献精神。为进一步弘扬雷锋精神，培养学生良好的思想道德品质，新北关小学在疫情防控的特殊时期，结合学校实际情况开展了"传承雷锋精神，争做新时代好少年"一系列活动，孩子们用实际行动诠释和传承着永恒的雷锋精神。

各班围绕"学雷锋活动"主题，召开主题班会。通过学唱雷锋歌曲，介绍雷锋生平事迹，阐释雷锋精神内涵，重温雷锋经典语录，让学生感受"钉子精神"的教育，领悟"为人民服务"的真谛。这些活动为学雷锋营造了良好的氛围，也使广大学生对雷锋精神有了更深入的了解。

绘画、手抄报、日记等多种形式的"学雷锋"活动，充分发挥了孩子们的想象力、创造力，展现了他们出色的艺术才能，将"传承雷锋精神，争做新时代好少年"主题活动推向了高潮。

学生绘画作品

唱雷锋歌曲，讲雷锋故事。嘹亮的歌声唱出了心中对雷锋的敬仰和热爱，唱出了学习、发扬雷锋精神的热情，和美少年用最美的声音和行动把学雷锋活动再次推向一个新的高潮。

孩子们利用课余时间走进社区，坚持开展学雷锋志愿活动。稚嫩的小手清理草坪，捡拾垃圾，打扫楼道。事情虽小，精神可嘉。让我们用自己的行动传承和弘扬雷锋精神，将雷锋精神的种子深植于心中，做新时代的好少年。

雷锋精神是一面永不褪色的旗帜，是一座永放光芒的灯塔，是我们的宝贵财富。通过一系列的活动，新北关小学的学生们用实际行动践行和传承雷锋精神，感受着关心他人、奉献社会的快乐。相信今后我们月月都是雷锋月，人人争当好少年。红领巾，心向党，新北关小学必将引领全体少先队员，沿着雷锋的足迹，迈出坚实的步伐，与雷锋精神同行。

节庆篇

清明节又叫踏青节，在仲春与暮春之交，春分后第十五天，是中国传统节日之一，也是最重要的祭祀节日之一。汉族传统的清明节大约始于周代，距今已有两千五百多年的历史。2006年5月20日，经国务院批准，将清明节列入第一批国家级非物质文化遗产名录。

缅怀革命先烈 感恩幸福生活

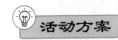 活动方案

活动目的：

清明节是我国的重要传统节日，是进行革命传统教育的极好时机。为纪念这个有着深远意义的日子，学校以清明节主题教育为契机，组织一系列活动。通过活动，教育学生爱祖国、爱家乡，缅怀先人、珍惜美好幸福生活，从而让学生度过一个充实、有意义的清明节。

活动时间：4月初，清明节前后

活动内容：

（一）宣传发动

1. 通过国旗下讲话、红领巾广播站进行宣传，向全体学生发出活动倡议，营造缅怀先烈氛围。

2. 通过诵读经典，演绎民俗文化，拓展节日文明，引导少先队员牢记中华民族历史，珍惜美好幸福生活，增进爱党、爱国、爱社会主义情感。

（二）活动形式

1.各班级召开一次"缅怀先烈"主题班会；

2.一、二年级开展一次爱国主义诗歌诵读活动，三、四年级举办一次书画展览，五年级开展一次主题演讲，六年级进行一次主题征文比赛；

3.学校开展"忆先贤"演讲活动。

（三）总结表彰

学校根据班级活动情况评选优秀班集体和个人。

活动要求：

1.一、二年级诵读清明小诗，要求人人会背一首。

2.三、四年级在清明放假期间广泛搜集资料，围绕所搜集的资料，结合自己的心得体会，设计制作手抄报。

3.五、六年级每班选出一名优秀演讲学生进行表彰。

 活动展示

缅怀革命先烈 感恩幸福生活
——倡议书

全体少先队员：

又是一年芳草绿，又是一年清明时。今天，我们全体少先队员聚在一起，缅怀为实现民族解放、人民幸福和祖国统一而牺牲的先烈，铭记他们为祖国、为人民、为后代建立的丰功伟绩。先烈们是时代的先锋、道德的楷模，他们对祖国、对人民忠诚守信，不惜抛头颅洒热血，甚至牺牲自己宝贵的生命，他们的精神永远激励着我们。在构建社会主义和谐社会的今天，我们少先队员要以革命先烈为榜样，做一个诚实守信、对社会负责、对祖国人民有贡献的人。为此，我代表大队部向全校少先队员发出如下倡议：

一、要学习和弘扬革命先烈的热爱祖国、无私奉献、艰苦奋斗的革命精神，按照先烈所指引的方向，勤于学习、善于创造、甘于奉献，让先烈

节庆篇

29

忠诚守信的革命精髓在我们的缅怀中传承，让先烈奋斗的轨迹在我们的拼搏中延伸。

二、要继承先烈遗志，把对革命先烈的怀念体现在学习中，从小志存高远，树立报效祖国、服务人民的远大志向。从现在做起，从身边的每一件小事做起，把个人的学习目标、成长进步与祖国明天的繁荣昌盛紧紧联系在一起，努力学习科学文化知识，扎扎实实地掌握好建设祖国的本领，以实际行动告慰先烈的英灵。

三、时刻以《小学生日常行为规范》来约束自己，自觉遵守校规校纪，养成良好的道德行为习惯。要尊敬师长，关心他人，心中有爱。在别人遇到困难时要尽心竭力去帮助别人，做到互相帮助，团结友爱，和谐相处。

四、要做到校内校外一样文明，室内室外一样高尚，课上课下一样守纪，仪表心灵一样美丽。

希望大家积极响应倡议，把诚实守信以及对祖国、对人民的责任放在心中，落实到行动上，从现在做起，从一言一行、一点一滴做起，人人争做爱党、爱国的好少年！

少先队员们，请大家快快行动起来吧！

新北关小学少先队

缅怀革命先烈 感恩幸福生活
——主题班会

一、活动目标

1.通过班会，使学生了解我国的传统节日——清明节的来历和习俗，感受清明节与其他节日在气氛上有何不同。

2.通过讲英雄故事，培养学生缅怀先烈的情感，教育学生学习烈士舍己为人、不争功名的精神。

3. 懂得我们今天的幸福生活来之不易,要好好学习、热爱生活、爱父母、爱同学、爱老师、爱班级、爱社会。

二、活动准备

通过上网查找资料,向父母、长辈询问,了解关于清明节的知识。

三、活动过程

(一) 话"清明"

带着春日暖暖的祝福,我们迎来了我国传统节日——清明节。清明节是我们中华民族的传统节日,也是二十四节气之一。清明节有很多习俗,有关清明的诗词佳句也有很多。同学们就说说自己了解的清明节吧!说起清明节的来历,我们就会想起一个人——介子推。让我们来听一听介子推的故事吧!通过看视频,学生知道清明节前后自然界的许多变化,感受大自然的美丽清新,了解清明节人们的各项活动:春耕、植树、播种、扫墓、荡秋千、放风筝等等。

自古以来,清明节扫墓不光是纪念自己的祖先,对历史上为人民立过功、做过贡献的人,人们也都会纪念他们。

(二) 颂先烈

观看红色影片;讲解英雄故事;感悟先烈精神。

(三) 感恩幸福生活

春风里,我们踏着先烈的足迹,走进那段战争岁月,播种理想的种子,争做热爱祖国、理想远大的好少年。是谁给了我们健康的身体?是父母。是谁给了我们知识的甘露?是老师。是谁给了我们幸福的生活?是党,是祖国,是无数革命先烈!

其实,我们应该感谢的人很多。同学们,让我们都怀有一颗感恩的心,感谢我们的爸爸妈妈,感谢我们的学校、老师,感谢我们的祖国。

我们要从小学知识、长本领,用实际行动去感谢他们给了我们幸福的生活。今天,历史的接力棒传到了我们这一代少年手中。我们以共产主义接班人的名义郑重承诺:

我们心有大志,勇敢坚贞,学习英雄追求真理的信念;我们知难而上,勇敢攀登,学习英雄不屈不挠的意志;我们胸怀祖国,壮志凌云,学习英

节庆篇

31

雄无私无畏的志气；我们不怕风浪，争做蓝天雄鹰，学习英雄战胜困难的勇气。让我们记住这庄严的时刻，让我们记住这郑重的承诺，我们要让先烈们用鲜血染红的旗帜永远飘扬在祖国的蓝天！

我们要努力用自己的实际行动来回报祖国，从小学好知识、增长本领，为建设祖国贡献一份力量。

通过主题班会，大家深深感到，今天的幸福生活来之不易，是无数革命先烈用生命和鲜血换来的，先烈们的精神永远值得我们学习。在这清明时节，让我们缅怀他们，学习他们，分享英雄的光荣和我们的幸福感，做好我们应该做的事情！

缅怀革命先烈 铭记红色历史
——活动纪实

一年一清明，一岁一追思。又见一年芳草绿，最是清明感恩时。在清明节到来之时，新北关小学组织开展了以"缅怀革命先烈，树立远大理想，争做和美少年"为主题的革命传统教育活动。

清晨，我们迎着春风，来到一二九师红色基地缅怀革命先烈。向革命英雄纪念碑献花，敬少先队队礼，行鞠躬礼，瞻仰了烈士墓，参观了事迹展，缅怀革命烈士的丰功伟绩。望着这一抹神圣的红色，我们心潮澎湃，它代表了我们中华民族坚贞不屈、勇往直前的崇高精神，这正是我们中华民族的精神象征！

忆往昔，诉不尽我们对英烈的点点哀思；看今朝，唱不完我们对明天的无限憧憬。此次活动，让我们收获了对革命先烈的认知和理解，让爱国主义教育渗透到我们每一颗幼小的心灵里，从而使我们从小树立起正确的人生观和价值观，使我们迎着春风，健康成长，争做新时代好少年，在新北关小学这块"和美"沃土上茁壮成长！

为了进一步弘扬中华传统文化，培养学生热爱祖国、热爱家乡的情感，清明节前后，新北关小学结合学校实际情况，开展了一系列内容丰富、形式多样的革命传统教育活动。

宣传革命事迹。清明节前夕，涉县新北关小学充分利用各种宣传途径和手段，宣传革命先烈的光辉事迹，对学生进行革命传统教育，激励学生们继承中华民族优良传统，发扬革命精神，为中华民族伟大复兴而刻苦学习、不解奋斗。

学生绘画作品

召开主题班会。各班交流了清明节的由来、习俗、饮食文化等。通过交流，大家进一步了解了清明节的传统意义。各班还通过观看红色影片，熟知革命历史，感受英烈的英雄气概，进一步促进少先队员继承优良传统，做"和美少年"，树立从小为中华民族伟大复兴而不懈奋斗的高尚理想。

参观红色基地。学校组织参观了一二九师旧址，通过祭扫烈士墓等仪式，唤醒学生们继承先烈遗志，为祖国的繁荣富强而努力学习的意识。

办清明节手抄报。通过手抄报，激励广大学生珍惜幸福生活，树立报效祖国的远大志向。

讲英雄故事。各班以小组为单位，讲英雄故事，弘扬中华民族优秀文化和传统美德，缅怀革命先烈，传承红色精神。

开展经典诵读主题演讲活动。通过活动，传承红色精神，感恩今天的

节庆篇

幸福生活。

　　总之，本次"缅怀革命先烈，感恩幸福生活"主题活动，让全体学生的心灵又一次受到了启迪，激发了他们强烈的爱国热情，让他们懂得今天的幸福生活来之不易，要感恩报国，孝顺父母。学生们暗下决心，将踏着革命先烈的足迹，努力学习，奋勇拼搏，在革命先烈爱国精神的感召下健康成长。

学生绘画作品

世界地球日，即每年的 4 月 22 日，是一项世界性的环境保护活动。2009 年第 63 届联合国大会决议将每年的 4 月 22 日定为"世界地球日"。该活动最初在 1970 年由盖洛德·尼尔森和丹尼斯·海斯发起，随后影响越来越大。中国从 20 世纪 90 年代起，每年都会在 4 月 22 日举办世界地球日活动。

保护地球 爱我家园

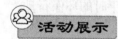

活动目的：

通过开展一系列活动，让学生们充分了解世界地球日，增强学生们的环保意识和节约意识，积极推动绿色校园的创建，并以此为契机将节约资源和保护环境渗透到学生们日常的学习和生活中去，让学生们深刻认识到人类"只有一个地球"，了解保护地球的重要性，让保护环境成为学生们的一种自觉行为。

活动时间： 4 月 20 日—4 月 23 日

活动地点： 学校操场、教室、社区等

活动内容：

（一）宣传发动

在活动开始前，政教处制定活动方案，精心组织，积极动员。

节 庆 篇

1.进行一次国旗下主题讲话。旨在向全体学生发出活动倡议,增强学生的环保意识。

2.举行一次签名活动。升旗仪式结束后,组织全体师生在条幅上签名,共同响应,积极行动。

（二）活动形式

开展"五个一"活动,时间为4月20日至4月23日。

1.召开一次环保主题班会。星期一各班要召开以"珍惜自然资源,呵护美丽地球"为主题的班会课,将节约资源和保护环境的理念渗透到学生日常的学习和生活中去。

2.举行一次"环保"竞赛。"环保"测试题统一由政教处出题,全体学生参与。本次竞赛分两部分进行,一是每班抽取三名学生到学校"凤凰厅"参加校级竞赛,由政教处安排教师监考、批改,最后成绩计入班级考核;二是剩余学生在班级参加测试,班主任批改,级部汇总上交政教处。

3.举办一次"珍惜自然资源,呵护美丽地球"作品展览。学生通过办手抄报和征文的形式表述自己心中的环保理念,展示平时的环保行动。目的是增强学生环保意识,让学生参与到保护环境的活动中。

4.打扫一次校园卫生。各班由班主任老师带领,将本班教室、卫生区域进行一次彻底的清理和打扫,少先队大队部进行评比表彰。

5.践行一次实践活动。学校大队委组织五、六年级优秀学生分组到小区宣传"垃圾分类知识"和发放"低碳环保倡议书",当好环保宣传员和志愿者;各班开展"我为小区添绿色"的社区实践活动,让学生利用课外时间为小区的绿色植被浇水、除草等。

（三）总结表彰

学校根据班级活动情况评比优秀班集体和个人。

活动要求:

1.提高认识,统一思想,制定方案,积极动员,精心组织,务求活动取得实效。

2.政教处提前安排,关注细节,安排有序,资料提前准备到位,及时发放到相关人员手中。

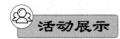 活动展示

班会记录

班级	五年级12班	时间	4月20日
主题	保护地球，爱护家园	主持人	王 芳
活动目的	让学生明白，保护人类共同的家园——地球，已刻不容缓。从小树立环保意识，争当"绿色小卫士"，以此呼唤明天的绿色。		
活动过程	一、了解地球日的由来 二、观察导入 1.老师介绍地球污染状况。 2.导入：对于地球现在的状况，你们又有怎样的感叹呢？说说你的心里话。 3.向同学们介绍你搜集的有关资料，并谈谈自己的感受。 三、启发思考（我们可以为环保做的事） 1.植树。 2.学会垃圾分类，减少"白色污染"。 3.搞宣传活动。 4.节约水、电等资源。 5.保护动植物。 6.抵制大人抽烟。 四、总结		
活动小结	通过本次主题班会，同学们了解了今年世界地球日的主题及相关知识。与此同时，号召大家保护地球，从身边的小事做起，让我们的地球恢复原来的生态环境。		

节
庆
篇

37

"节能 低碳 环保" 征文

——活动通知

各级部各班级：

为引导和培养学生树立生态理念，增强环保理念，促进资源节约型和环境友好型社会建设，结合环保教育活动，拟在全校举办学生环保征文比赛活动，现将有关事项通知如下：

一、征文主题：节能、低碳、环保

二、参赛对象：三至六年级全体学生

三、征稿要求

1. 参赛作品要紧扣活动主题，树立节约资源、低碳生活、保护环境、共建和谐的核心理念。从一个侧面或多个角度反映环境保护的重要性和必要性，以及在环保建设中所涌现的好人好事，突出环境质量的提高给人民群众带来的喜人变化。作品要内容充实，寓意深刻，事例典型，贴近生活实际，视角独特新颖。

2. 征稿内容为有教育意义的环保故事等，不少于300字，用朴素的语言表达环境状况、忧患意识和改善环境的责任感，倡导保护环境光荣、破坏环境可耻的社会风尚，呼唤全社会人人关注环保，参与环保。

3. 参赛作品题目自拟，统一用16开作文纸书写。在文章封面注明参赛者姓名、班级及指导教师。所有作品必须原创，各班级要高度重视此项工作，积极组织学生参赛。

四、评选程序

各班首先组织初评，各班交送5篇到教导处。届时将语文教师组成评审团，对推荐稿件进行评选。

五、截稿时间

2021年4月22日

六、奖励设置

三至五年级设立年级一等奖 1 名，二等奖 2 名，三等奖 4 名。六年级设立一等奖 2 名，二等奖 3 名，三等奖 6 名。教师设优秀指导奖，学生作品获一、二等奖的指导教师为优秀指导教师。

新北关小学

2021 年 4 月 26 日

"节能 低碳 环保" 征文获奖名单

——表彰通报

各级部各班级：

为深入开展创建绿色学校活动，增强广大学生的环境保护意识，树立人与自然和谐相处的绿色理念，努力形成全社会关心环保，参与环保的良好氛围，按照"节能 低碳 环保"征文活动方案的安排，在全校范围内组织开展了环保征文活动。在班级推荐的基础上，经评委认真评选，共评出一等奖 5 名，二等奖 10 名，三等奖 18 名，优秀指导教师奖 8 名，现将获奖名单予以公布：

一等奖：候姝璇　史奇雯　申　倩　肖　瑶　姚　夏

二等奖：郝子萱　高佳怡　杨梦瑶　刘琪玲　晋毅超　王晓萱

　　　　　赵玲玲　汤文雅　张少敏　李文轩

三等奖：李　悦　李佳琪　赵鹏博　李禹辰　王思恬　樊凝涵

　　　　　李佳一　杨超亚　张文雪　王晓靓　李　响　杨萍萍

　　　　　王鸿浩　候浩轩　郝崇智　郝伟铎　李众周　房俊丽

优秀指导教师奖：石魁叶　申玉娥　常玉强　张　华　豆俊英

　　　　　　　　　崔晓凤　李改梅　李晓霞

节庆篇

39

保护地球 爱护家园

——实践活动纪实

4月22日新北关小学401中队和402中队在学校大队委的带领下，拿着扫帚、抹布等清洁工具来到学校附近的蓝堡湾小区和领秀新城小区，打扫卫生，参加环保实践活动。

学生们先来到小区门岗，认真擦窗户，抹桌子，扫地，清洁小广告，干得热火朝天，用自己的劳动体验着助人为乐的快乐。孩子们对小区周边进行了白色垃圾的清理。他们一个个热情高涨，捡起被人们丢弃在路边、草地上的塑料袋、果皮、纸屑、烟头等。每个人的环保袋里都装满了垃圾。他们又把垃圾分类投进垃圾箱里。虽然大家的脸被太阳晒得烫烫的，但心里都有着一份浓浓的满足。当看到小区环境焕然一新，自己的劳动成果有了回报时，孩子们的脸上都露出了甜美的笑容。

此次活动受到了蓝堡湾小区和领秀新城小区居民的一致好评。活动结束后，孩子们纷纷表示，今后要从身边的小事做起，多做好事，以实际行动保护地球，爱护家园。

学生们在小区参加环保实践活动

　　为宣传世界地球日，促进全体师生重视环保，节约资源，保护环境，爱护地球，新北关小学开展了"保护环境，爱我家园"主题活动。

　　各班班主任利用班会时间向同学们发出倡议，倡议同学们爱护地球，从身边的小事做起，做低碳生活的倡导者和践行者。各班还举办了环保征文、环保知识竞赛、环保手抄报、全校清扫一次校园卫生等活动。丰富多彩的活动，让全体学生知道了世界地球日的主题以及大量的有关地球环保方面的知识。同时，学校倡议同学们在校做到"四节约"，即节约每一滴水、每一

学生绘画作品

度电、每一张纸、每一粒米；倡议"五做到"，即不用一次性筷子，少吃口香糖，爱护每一棵花草树木，保护每一处环境，做到垃圾分类处理。通过开展"保护地球，爱护家园"实践活动，同学们了解了很多身边的环保知识，深深懂得了环境保护的重要性。

　　通过环保教育活动，学生认识到环境保护是长期行为，只有每个人积极参与，我们生存的环境才会得到有效的保护。学生参与校内外环保活动，通过学生的行为去证明自己就是"环保小卫士"，使他们做到全员参与、全程参与，养成不随地丢纸屑的好习惯。孩子们既是"绿色教育"的受教育者，也是向成人进行"绿色教育"的"小老师"，很多孩子回家成了建设"绿色家庭"的主力军。一个孩子，带动一个家庭，影响一个社区；一个活动，带动许多家庭，影响整个社会。

节庆篇

"五一"国际劳动节，是全世界劳动人民共同拥有的节日。节日源于美国芝加哥等地的工人大罢工，为纪念这次伟大的工人运动，1889年在恩格斯组织召开的第二国际成立大会上决定5月1日为国际劳动节。中国中央人民政府政务院于1949年12月作出决定，将5月1日确定为劳动节。

我劳动 我光荣

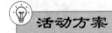 活动方案

活动目的：

"和美做人，踏实做事"作为学校校训，其中"美"便包含了劳动之美。而劳动教育作为学校校风建设的重要手段，劳动节便是学生们切身参与校风建设的一个直接途径。通过这次劳动，学生们能养成"我劳动，我光荣"的良好习惯，并在学校营造一种良好的劳动氛围，促进学生更好地成长成才。

活动时间：5月1日前一周

活动地点：学校

活动内容：

（一）节日宣传

各班班主任利用班会做好"五一"劳动节的宣传活动，为活动顺利开展作好铺垫。

（二）活动形式

1. 劳动歌曲小比拼。每个同学学唱一首劳动歌曲，然后在班级进行演唱展示，班主任将优秀歌唱者推荐到学校，参加校级评比。

2. 劳动故事大分享。每个同学准备一个有趣的劳动小故事在班级进行分享。每班选出1—2个"故事小能手"推荐到学校，参加校级评比。

3. 绘画小能手。每个同学完成一幅绘画作品，内容以劳动为主题，形式不限，每班推出1—2名选手参加校级评比。

4. 我劳动，我光荣。一、二年级同学帮父母做一次力所能及的家务，如择菜、做饭、洗碗、拖地、擦桌子、叠被子等，将做家务的过程拍照发给老师；三至六年级同学完成"创意美食"活动，写出美食名称及制作过程，将作品拍照发给班主任。

学生绘画作品

活动要求：

1. 各班班主任按照本方案利用班会做好宣传，要高度重视，尤其重视活动过程。

2. 对于每项活动，学校和班主任都要进行监督和指导，确保活动顺利开展。

主题班会

一、活动目的

1. 让学生知道勤劳是我们中华民族的传统美德；帮助学生树立"劳动最光荣"的观念；使学生认识到做一些力所能及的家务劳动是一种美德，从小培养爱劳动的好习惯。

2. 培养学生独立生活的能力，并掌握一些最基本的知识和技能。

3. 使学生体会到父母劳动的辛苦，做到尊敬长辈，热爱长辈，减轻父母的负担，增强劳动观念。

二、活动过程

（一）导言

1. 列夫·托尔斯泰说，劳动能唤起人的创造力；勤劳一生，可得幸福的长眠。的确，只有亲自参加劳动的人，才能尊重劳动，才会懂得珍惜别人的劳动成果，才会懂得幸福生活要靠劳动来创造。劳动是我们中华民族的传统美德。同学们，这节主题班会课，我们共同探讨如何做父母的小助手。

2. 齐唱《劳动最光荣》

（二）质疑

1. 师：你们在家里做家务吗？经常做吗？

2. 师：能够做哪些力所能及的家务？请举例说明。

（三）讲故事

故事一：星期天，小华在家里帮妈妈擦玻璃。她费了很大的劲，才把整个房间的玻璃都擦完了，心里特别高兴。可是妈妈看见了，却责怪她说："玻璃擦得不干净，不让你做的事，就别做，只要把学习搞好就行了。"

讨论：小华和妈妈各自的做法对吗？不对的地方应怎么改正？

故事二：奶奶正在打扫卫生，小刚放学回到家，就喊："奶奶，我渴了，快给我拿饮料。"奶奶赶紧说："好好好，我马上给你拿去。"

讨论：小刚的做法对吗？如果不对，那他错在哪里？他应该怎么做？

（四）判断

1. 王芳正和小朋友玩，奶奶让她去买酱油，她不去。 （　　）

2. 妈妈不在家，小红自己做饭。 （　　）

3. 刘丽高兴时就帮妈妈做家务，不高兴时就不做。 （　　）

4. 宋佳在班级爱劳动，在家就不干了。 （　　）

通过上述判断，你有什么感受？

（五）学生齐读关于劳动的名言警句

1. 劳动是唯一导向知识的道路。 ——萧伯纳

2. 不劳则无获。 ——富兰克林

3. 劳动创造世界。 ——马克思

4. 美德在劳动中产生。 ——欧里庇得斯

5. 劳动是一切知识的源泉。 ——陶铸

6. 珍视劳动，珍视人才，人才难得呀！ ——邓小平

（六）班长对全班同学的要求

会穿衣服和系鞋带；会系红领巾和洗红领巾；会整理床铺和书包；会洗脚、梳头；会叠衣服和择菜；坚持每天做一件家务。

心动不如行动，让我们携手努力，从现在做起，从身边的一点一滴做起，积极参加有意义的公益劳动，珍惜劳动成果！

节庆篇

活动总结

五一前一周，各级部开展了"我劳动，我光荣"的主题活动。以学习贯彻十九大精神为主线，在各个级部深入开展了劳动教育实践活动，现将活动情况总结如下：

1. 做好节日宣传。各级部在班会课上组织唱劳动歌曲，讲劳动小故事。

2.劳动主题系列活动。各班利用课余时间办了一期以"我劳动,我光荣"为主题的手抄报;各班进行了一次以劳动为主题的征文比赛;各班利用五一假期帮助父母做力所能及的家务,并走出家门体验劳动。通过社会实践,学生们亲身体会到劳动给自己和他人带来的快乐。

这些活动的开展,不仅丰富了学生的课余文化生活,更加调动了学生参与劳动的积极性,培养了学生爱劳动的好习惯,并使他们懂得了要珍惜他人的劳动成果。

3.各班评选出优秀作品。评选出绘画、手抄报、作文等优秀作品并展示,以此鼓励学生对劳动的热爱。

爱劳动历来是中华民族的优良传统,它是动员和鼓舞青少年刻苦学习,奋发成才的一面旗帜,是引导青少年树立正确的理想信念、人生观、价值观和世界观的教育途径。活动的目的是更好地培养学生养成劳动意识,引导学生从点滴做起,让劳动蔚然成风。劳动教育是一项长期的教育任务,我们要培养学生从小树立其意识,自觉为家庭分担。总之,通过活动,广大学生树立了劳动意识,以劳动为荣,以懒惰为耻。此次活动同时也升华了学生对家务的理解和认识,使劳动教育不断深入人心。小学生是祖国的花朵,肩负着祖国的明天,他们用实际行动践行了"我劳动,我光荣"。

学生劳动日记

涉县新北关小学　　班级：503　　姓名：杨哲皓

时间：　　　　　　星期（三）　　天气 晴

五一劳动节

今天是五一劳动节的一天，一早起来就刮大风，然后噼哩啪啦地大滴的雨点就落了下来。爸爸说既然不能户外活动，那我们就在家里大扫除，我和妈妈高兴的答应了。

爸爸安排我和妈妈负责飘台和阳台的玻璃门，他自己就扫地和拖地。我以为抹玻璃门很简单，就把抹布洗湿，认认真真的抹起来，抹完一遍才发现玻璃门还是脏脏的，还有一些小水珠在上面，妈妈告诉我，抹玻璃门就像给图画填颜色一样，每个地方都要画到，用的力气也要一样，要不填出来的颜色就不漂亮了，我明白了妈妈的意思，又重新用湿布抹了一次，抹完后又用干抹布再抹一次，这次真的干干净净了。

节庆篇

47

2021-2022学年度第二学期

学生劳动日记

涉县新北关小学　　班级：504　　姓名：陈浩炜

时间：　　　　　　星期（三）　　天气 晴

我劳动我快乐

今天我休息在家，闲着无事。我看妈妈做家务很辛苦，也想给妈妈当个小助手。妈妈叫我把玻璃擦一擦，我开心的答应了。

我打了一盆水，把抹布打湿，拧了半干，然后开始擦玻璃门。我努力的擦，来来回回用力的擦，一边擦一边看哪里还有脏的地方，擦了半天才擦了一小部分，我突然想起，老师说过用报纸擦玻璃的效果很好，我立即找来报纸试一试，擦的真干净哦。哈，看来平时学点小常识，生活中真是实用呢。

我边擦玻璃边擦汗，原来擦玻璃也是很累人的。最后我把玻璃擦的雪亮雪亮的，好像根本没有玻璃一样，我开心极了。

国际儿童节指的是每年的 6 月 1 日。这个节日的设立，是源于 1942 年 6 月德国法西斯枪杀了捷克利迪策村的全部婴儿，并把 90 名儿童押往集中营，为了悼念利迪策惨案和全世界所有在战争中死去的儿童，1949 年 11 月国际民主妇女联合会在莫斯科举行理事会议。为了保障世界各国儿童的生存权、保健权和受教育权，为了改善儿童的生活，会议决定以 6 月 1 日为国际儿童节。

我的节日我做主

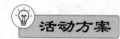 活动方案

活动目的：

6 月 1 日是国际儿童节。开展庆祝六一系列活动，使学生在积极的参与中体验合作与交往的快乐，从而度过一个健康、快乐、有意义的六一儿童节，激励学生积极进取、奋发向上。

活动时间： 6 月 1 日前一周

活动内容：

（一）营造氛围

1.班干部负责，组织布置班级教室文化。

2.通过国旗下讲话、红领巾广播站进行宣传，营造庆祝氛围。（时间：五月最后一周的周一）

3.利用班会，班主任组织学生讨论相关庆祝活动。

49

（二）活动形式

1. 召开一次表彰会。表彰年度"和美之星"，表扬本学期有进步的学生，表扬为班级荣誉做过贡献的学生。

2. 举办一个感恩会。请同学赞美自己的父母，把自己对父母的心意写在感恩卡上。

3. 举办一次文艺活动。各班组织文艺活动，形式可以是唱歌、诗歌朗诵、小品、舞蹈等，每班挑选精彩节目上报学校政教处。

4. 举办一次书画征文展。一、二年级绘画，每班2幅；三、四年级手抄报，每班2份；五、六年级征文，每班2篇。挑选精品上交政教处，组织评比，并在校园展出。

（三）总结表彰

学校根据班级活动情况评比优秀班集体和个人。

活动要求：

各班主任及其他老师要高度重视此次活动，按照活动内容认真组织落实。注重活动效果，班级制作美篇记录活动点滴。

六一文艺汇演

六一儿童节的下午，涉县新北关小学举行了六一文艺汇演。

舞台上，孩子们舞出了高高飘扬国旗上的红色精神，唱出了雄伟长征路上的红色力量，以及对幸福生活的珍惜和美好未来的憧憬。童心童趣，爱满六一，快乐成长！让我们一起祝愿我们的祖国繁荣昌盛，祝所有的儿童节日快乐！

入户送温暖

走进贫困生家中献爱心

六一儿童节的上午，新北关小学的教师乘着和煦的微风，早早从学校集合出发，给困难的学生送去温暖。他们特意给孩子们精心挑选了各类书籍，让他们感受到老师对他们的爱以及殷切的希望。

奉献一份爱，传递一份情。亲爱的孩子们，愿你们在六一这个节日里，感受到春风化雨般的温暖。

活动总结

六一的花最香，六一的歌最甜，六一的童心最欢畅！6月1日下午的校园里彩旗飘飘，歌声飞扬，到处洋溢着欢乐的节日气氛。全校师生沉浸在一片欢乐的海洋，共度快乐健康、美丽难忘的儿童节。

六一儿童节班级节目会演

节庆篇

在六一国际儿童节来临之际，为了让全体学生过一个快乐健康、有趣有味的六一国际儿童节，涉县新北关小学举办了"我的节日我做主"系列庆祝活动。通过开展庆祝六一活动，学生们在积极的参与中体验到集体合作的快乐，获得积极向上、乐观进取的精神。

涉县新北关小学开展丰富多彩的活动，激发了学生热爱生活、热爱学习、热爱校园的情感，使他们度过一个有意义的六一儿童节。

在六一的快乐时光里，孩子们的童真、童心、童趣和老师们的关心、关注、关怀交融在一起，使整个校园处处充满着温馨、和谐、快乐，处处闪烁着爱与幸福的光芒。

学生手抄报

端午节，是我国的一个传统节日，最初是上古先民以龙舟竞渡形式祭龙祖的节日，因传说战国时期的楚国诗人屈原在五月初五这一天抱石跳汨罗江自尽，后来人们将五月初五定为端午节，作为纪念屈原的节日。它有着独特的风俗，如吃粽子、赛龙舟、挂香袋、系长命缕等。端午节与春节、清明节、中秋节并称为中国四大传统节日。端午文化在世界上影响广泛，其他一些国家和地区也有庆贺端午的活动。

香飘万粽　端午传情

活动方案

活动目的：

　　锻炼和培养学生的动手能力，激发学生了解我国传统文化的兴趣；缅怀先辈，传承民族精神；培养学生爱祖国、爱家乡，传承端午节所承载的家国情怀。

　　活动时间：农历五月初五

　　活动内容：

　　（一）宣传发动

　　通过国旗下讲话、红领巾广播站进行宣传，向全体学生发出活动倡议，了解端午节习俗，如吃粽子、挂香包、系五色丝线、悬艾草等，了解习俗背后的故事。

（二）活动形式

1.召开一次"走进端午"主题班会。

2.各班办一期"端午节"黑板报。

3.开展"屈原小故事"演讲比赛,激发学生对爱国诗人屈原的敬爱之情,培养学生爱国进取的精神。

4.开展"赛诗会活动"。收集有关端午节的诗歌,并在班中进行吟唱。

5.通过亲子活动——我和妈妈一起包粽子,让学生感受节日的气氛,体会父母的辛苦。

活动要求:

1.加强领导,精心组织。各班依照本方案,制定本班活动方案,精心组织实施。

2.创新形式,务求实效。各年级各班要不断创新活动的形式和载体,不断增加活动的吸引力和感染力,增强学生过传统节日的意识。

3.检查评比,总结表彰。政教处将对此活动进行总结,表彰先进集体和个人。

活动展示

香飘万粽　端午传情

——倡议书

端午节是我国重要的传统节日之一,距今已有两千多年的历史。为进一步引导涉县新北关小学全体学生了解和感受中华传统节日文化,弘扬中华民族传统美德,传承爱国主义精神,提高爱国意识,增强民族自豪感,使大家能过一个充实、有意义的节日,特向全体学生发出以下倡议:

第一、通过调查询问、网上浏览等方法搜集有关端午节的由来及一些有趣的风俗习惯,如:了解人们为什么要过端午节? 在我们这儿过端午节有哪些有趣的风俗习惯? 端午节为什么要吃粽子?

第二、以端午节为主题画一幅画或办一期手抄报，表现和家人一起过端午节的快乐。

第三、人人会讲"屈原小故事"，感受屈原的爱国精神。

第四、要积极诵读有关端午节的诗歌，进一步了解端午节传统文化。

第五、和家人一起动手包粽子和品尝粽子，感受粽子的香甜，将自己做好的粽子送给长辈或朋友，体验劳动和分享乐趣。

新北关小学

主题班会

一、活动目标

1. 通过活动，让学生了解端午节的来历和风俗习惯，同时锻炼学生通过查阅书籍、报刊、网络等各种渠道获取信息的能力，培养学生的好奇心和求知欲。

2. 学习端午节文化，激发学生的爱国热情和民族自豪感。

二、活动准备

上网查阅资料、收集故事、搜集多媒体课件等。

三、活动过程

（一）活动导入

我国有很多传统节日，你们知道我国有哪些传统节日吗？端午节的由来、习俗你们知道吗？今天就让我们走进端午节，去了解一下吧。

（二）端午说由来

1. 端午节别称及由来。端午节有哪些别称？关于端午节的由来，说法很多，谁能告诉大家？别称：端阳节、龙舟节、重午节、天中节等。由来：纪念屈原，纪念孝女曹娥，纪念伍子胥，来源于百越民族节日祭祀。

2. 端午讲故事。端午节是中国古老的传统节日，至今已有两千多年

节庆篇

的历史。关于端午节的传说故事有很多，你们知道哪些与端午节有关的传说故事？学生讲述有关端午节的传说故事：东汉孝女曹娥救父的故事、屈原投江的故事。

（三）端午话习俗

1. 赛龙舟。过端午节，是中国人两千多年来的传统习惯，由于我国地广人多，加上各地流传着许多有关端午节的传说故事，各地便有着不同的习俗。你们知道端午节有哪些习俗吗？端午节最热闹的习俗是什么？端午节为什么要进行赛龙舟活动？

2. 吃粽子。除了赛龙舟，端午节的主要习俗就是品尝粽子。一直到今天，每年五月初五，中国百姓家家都要浸糯米、洗粽叶、包粽子、吃油糕，其品种琳琅满目。我国各地方的粽子还各有特色，请同学们介绍一下自己所知道的粽子。

3. 你们知道端午节还有哪些习俗吗？挂香包、系五色丝线、悬艾草等。

（四）端午赛诗会

千百年来，屈原的爱国精神和感人诗篇已深入人心，因此，在我国有关端午节民俗文化领域中，大家都与纪念屈原联系在一起。屈原是一位爱国诗人，为了纪念他，有人把端午节称作"诗人节"，请几位学生朗诵屈原的诗篇。

（五）谈感受，激发情感

今年端午节与往年有什么不同？你们是怎么过的？

四、活动效果

今天的主题班会，老师和同学们都对端午节有了更深的了解。大家认识了跟端午有关的历史人物——屈原、曹娥、伍子胥等，了解了端午节吃粽子、赛龙舟、挂香包、系五色丝线、悬艾草、登山等习俗。同时本次活动激发了学生的爱国热情和民族自豪感。

涉县新北关小学通过"香飘万粽 端午传情"主题教育活动，将中华民族的节庆教育和学校特色文化紧密结合在一起，培养了学生的民族自信心、自豪感和爱国之情，增强了学生对端午节传统文化的了解和热爱。

端午节主题班会

"五月五日天晴明，杨花绕江啼晓莺。""鼓声三下红旗开，两龙跃出浮水来。"这是唐代诗人张建封描写端午佳节热闹场面的诗句。涉县新北关小学通过不同形式开展活动，使孩子们感受到了浓浓的中国传统节日文化。

在本次活动中，老师通过主题班会对端午节的由来、习俗、屈原的爱国精神等展开介绍，同时倡议孩子们和家人一起亲身体验包粽子、品尝美味粽子的快乐。孩子们运用手中的画笔来表达对"端午"的理解，画出了滚滚激流的汨罗江，画出了对爱国诗人屈原的敬仰。

"路漫漫其修远兮，吾将上下而求索。"通过诵读屈原的爱国诗篇，

节 庆 篇

孩子们仿佛看到了两千多年前，一位怀才不遇的才子在月夜下孤单徘徊，一位忧国忧民的大夫在草屋中饮酒消愁，一位志向高远的诗人在江边独步吟唱。"爱国"在孩子们的心中有了声音、有了色彩。"爱国"两个再简单不过、再平常不过的字眼，两千多年前，屈原做到了；两千多年后的我们，更要继承这中华民族最古老的美德。愿通过这次主题活动，每一位新北关学子都能够拥有一颗最真挚的爱国之心，愿美德之花开遍所有人的心田！

学生绘画作品

1917年，俄国十月革命胜利后，各地相继成立共产主义小组，宣传马列主义，开展工人运动。1921年7月23日，中国共产党第一次全国代表大会在上海举行，中共一大的召开，标志着中国共产党的正式成立。1941年，中共中央正式将建党纪念日定为每年的7月1日。

童心向党 放飞梦想

活动方案

活动目的：

为了加强学生思想道德建设，切实增进学生爱党、爱国、爱社会主义的情感，营造活泼向上的校园文化，让每个孩子在活动中展示风采，在参与中体验成功，幸福快乐地成长，涉县新北关小学定于七一建党节在全校开展"童心向党 放飞梦想"活动。

活动时间： 6月底至7月初

活动地点： 学校

活动过程：

发动阶段：制定关于开展"童心向党 放飞梦想"活动具体实施方案。

准备阶段：由班主任全面发动学生参与、练习，音乐老师指导。各班一定要高度重视，精心组织，做到班班有歌声，充分展示实力，力争节目顺利入选。

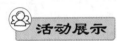

决赛阶段：各级部胜出班级代表级部参加决赛。各级部主任和音乐教师担任评委。为保证比赛的有序进行，各参赛队须听从工作人员的指挥，比赛前由领队整队入场，按指定位置就座。

歌曲要以"歌唱祖国、歌唱家乡、歌唱幸福生活"为主题，组织学生开展合唱活动，每个节目时间最多不超过5分钟，体现爱党爱国爱家乡的崇高理想和信念。

歌曲表现形式积极向上，适合小学生风格；节奏整齐，音准正确，表现力丰富，具有一定的合唱艺术效果；合唱队员表演到位，与伴奏音乐配合得当，表现形式富有创意；精神饱满，富有朝气，上下台纪律良好，服装整齐，符合歌曲表现内容；奖项设置：一等奖1个，二等奖2个，三等奖3个。

活动要求：

1. 各班积极开展本次活动，政教处监督活动进度。

2. 各班主任做好参赛队传唱以及参赛的督促工作，确保本班参赛队按要求高质量完成此次活动。

活动展示

决赛方案

一、活动主题

学党史，感党恩，树信念

二、活动背景

2021年是我国建党100周年，在中国共产党的领导下，中国国力强盛，人民的生活水平提高，我们的生活环境良好。在这样一个特殊的日子里，我们一起缅怀革命先烈，学习先烈们为壮丽的共产主义事业奋斗终生的崇高精神。

三、活动目标

通过开展建党100周年系列庆祝活动，增强学生对党、对祖国、对人民、对社会主义的深厚感情，并希望学生珍惜今日的胜利成果，努力学习，掌握知识，为振兴祖国作贡献。引导学生全面回顾党的光辉历程，描绘100年来的辉煌成果。教育学生珍惜今日的胜利成果，努力学习，掌握知识，为振兴祖国作贡献。培养学生热爱中国共产党的高尚情操，激发他们增强民族自豪感和历史责任感。

四、活动准备

收集并阅读全心全意为人民服务的共产党员的感人事迹，准备图片、多媒体课件等。

五、活动过程

胸怀千秋伟业，百年恰是风华。我们的党已走过100年艰苦奋斗的道路。在党的100岁生日之际，我们每一个人都怀着感慨和感激之情。中国共产党自从1921年成立至今，走过了100年坎坷而光辉的道路，从一个只有50多人的党组织发展成为拥有9500多万名党员、执政七十多年的世界最大政党。让我们通过知识竞赛的形式，回顾历史，了解我们伟大的中国共产党的光辉历程。

节目一：知识竞赛

重温了党的光辉历程后，让我们一起讴歌我们伟大的党的光辉业绩吧。请大家欣赏配乐诗朗诵《祖国，母亲》。

节目二：配乐诗朗诵《祖国，母亲》

两位同学满含激情的朗诵，让我们深深地感受到没有共产党就没有新中国。接下来我们就看看我们的同学上课时在做些什么。请欣赏小品《幸福的光阴》。

节目三：小品《幸福的光阴》

希望我们珍惜现在的幸福生活，好好学习，天天向上。我们坚信，我们就是沃土里的一颗种子，在党的关怀下，我们将会茁壮成长，把祖国的明天建设得更加富强。

节目四：独唱《明天会更好》

《明天会更好》 这首歌寄托了我们对祖国的祝福。之所以我们今天有这样美好的生活，就是因为有中国共产党的正确领导。让我们每一个少先队员从小树立远大理想，为了祖国的繁荣富强而努力学习。

通过今天的主题班会，我们重温了党的光辉历程，歌颂了党的丰功伟绩，讴歌了改革开放和社会主义现代化建设的伟大成就，唱响了庆祝中国共产党建党100周年的赞歌。我们青少年应该继承和发扬先辈的革命精神，热爱党，热爱祖国，努力学习，为祖国的明天而奋斗。

六、活动效果

通过本次班会活动，增强了学生对党、对祖国、对人民、对社会主义的深厚感情。学生们也都纷纷表示，要以时代为己任，把实现自身的人生追求同党的事业、国家的富强紧密联系在一起，做新社会的小主人。

表彰通报

为加强学生思想道德建设，切实增进学生爱党、爱国、爱社会主义的情感，营造积极向上的校园文化，涉县新北关小学定于七一建党节在全校开展"童心向党 放飞梦想"歌咏活动。活动部署以来，各级部高度重视、精心组织，掀起了"童心向党 放飞梦想"活动的热潮。经学校评选、研究决定对最终评选出的一等奖1个、二等奖2个、三等奖3个予以通报表彰。"童心向党 放飞梦想"活动获奖名单：

一等奖（1名）　　606班

二等奖（2名）　　514班　106班

三等奖（3名）　　302班　408班　207班

新北关小学

2021年7月

活动总结

经过全体师生的积极努力，"童心向党 放飞梦想"活动圆满结束。整个过程，学校领导高度重视，政教处精心组织安排，活动收到了良好的效果。

"童心向党 放飞梦想"歌咏比赛现场

有多少童年，就有多少童谣故事。"童心向党 放飞梦想"活动让孩子们给党过了一个充实而有意义的生日，全校5000多名学生全部参与其中，极大激发了爱党、爱国、爱家乡的丰富情感。此次活动既丰富了孩子们的节日生活，又起到了教育作用，受到了广大家长的一致称赞。

歌咏比赛筹备过程中，政教处提前邀请老兵讲党的历史，学生们都听得热泪盈眶，对党的历史有了前所未有的感悟。

班主任老师首先在班会上确定主题感党恩、知奋进、爱祖国，精心设计，热心排练。班班都有自己的特色，班主任老师尽力发挥各自的特长，形式多样，异彩纷呈。学生们踊跃参加，认真练唱，在合唱中提升音乐素养，

节
庆
篇

63

在合唱中增强班集体的凝聚力，在合唱中升华爱党、爱国教育情怀。

活动排练期间，学校班班有歌声，处处有欢笑。特别是606班、514班、106班、302班、408班、207班在班主任老师的精心指导下，把各自的合唱节目练习得有声有色，比赛时带来别样的风采，依次荣获一、二、三等奖。

在"童心向党 放飞梦想"活动的整个过程中，涉县新北关小学领导高度重视活动的开展情况，认真制定活动方案，围绕活动主题积极探索，将筹备工作落实到班级责任到人，形成人人参与的局面。全体教师积极参与其中，与学生共同庆祝党的生日。

退伍军人给学生讲涉县党史

"童心向党 放飞梦想"活动形式多样，内容丰富，按年级、班级顺序有条不紊地进行。各班还组织学生进行绘画和手抄报创作，在点滴行动中逐步融入党的怀抱。

这次活动，学生们必将用心铭记党的历史，用行动颂扬党的丰功伟绩，用歌声表达爱国情感，进一步引领全体学生在和乐的校园中发展腾飞。

1985 年 1 月 21 日，第六届全国人大常委会第九次会议做出决议，将每年的 9 月 10 日定为我国的教师节。尊师重教是中国的优良传统，早在公元前 11 世纪的西周时期，就提出"弟子事师，敬同于父"，古代大教育家孔子更是留下了"有教无类""温故而知新""学而时习之"等一系列至理名言。传道授业解惑的教师被中国人誉为"人类灵魂的工程师"。

金秋九月颂师恩

活动方案

活动目的：

进一步加强师德建设，在全校营造尊师重教的氛围，弘扬尊师重教的良好风尚，激励广大教师热爱教育事业，积极进取，开拓创新，推动学校各项事业的全面发展。让学生用实际行动感恩教师，让教师在活动中深深感受到学生的敬爱之情。同时，使教师更加深刻地思考自己的责任，用爱心去呵护学生，用实际行动去关爱学生。

活动时间： 9 月上旬

活动地点： 学校操场、各班教室

活动内容：

（一）节日宣传

政教处和少先队大队部提前向全校学生发出感恩倡议，具体要求如下：

1. 声音表恩情：阳光课间播送《每当我走过老师窗前》《长大后我

就成了你》等歌颂教师的乐曲；教师节当天，学生为老师送上一句祝福，如："老师，您辛苦了！""老师，祝您节日快乐！"

2. 卡片表心意：在一至四年级开展"童心五彩献恩师"心意卡设计活动。

3. 笔尖诉心声：在五、六年级开展"我心中的好老师"征文活动。

（二）活动流程

暖场音乐：《每当我走过老师窗前》；校长致辞；优秀学生代表献词；优秀教师代表发言；为"和美教师"颁奖；全体教师宣誓；庆"教师节"节目展演。

教师宣誓词："我是光荣的人民教师，忠诚于人民教育事业，全面实施素质教育，依法履行教师职责，为人师表，敬业爱生。和美做人，踏实做事；和爱润生，艺精德美；和乐相伴，美善同行。用每一天平凡但决不平庸的工作，引领学生健康成长，追求教师职业幸福，肩负教育重任，不负神圣使命！"

活动要求：

1. 各班班主任根据要求，提前布置，学生精心准备，保证质量。

2. 每班上交学生优秀作品 5 篇，以供展示。

3. 严格遵守活动秩序，听从活动安排，确保活动安全。

 活动展示

潜心教育事业 共铸教育辉煌
——党支部书记、校长韩海河致辞

尊敬的各位领导、各位来宾，亲爱的老师、同学们：

大家好！

九月天高云淡，九月丹桂飘香，九月硕果累累，九月笑语绵绵。在九月这个清风飒爽的季节里，第 37 个教师节带着秋的馨香如期而至。

有人说，教师是春蚕，是蜡烛，"春蚕到死丝方尽，蜡炬成灰泪始干"，为了别人，耗尽自己。我们应该是绿树，制造氧气给人间，自己也需要吸取营养不断成长和发展；也有人说，教师是人梯，只是让别人攀缘而上。不，我们应该是大海，"海纳百川，有容乃大"；还有人说，教师是铺路石，让别人踩着前进。我们应该是春雨，既要"润物细无声"，也要享受春天的灿烂阳光。

教师不是演员，却有固定的忠实的观众；教师不是雕塑家，却塑造着世界上最珍贵的艺术品；教师不是伟人，但教师的身上凝聚着学生滚烫的目光。

老师们，你们辛苦了。在新北关小学这块育人的沃土上，倾注了你们满腔的热忱和心血。你们无私奉献的精神，将激励学生们勤奋学习；你们作出的贡献，学校、学生、社会将永远铭记。老师们，你们用博大的胸怀，引领着莘莘学子健康成长的新航程。学生们将以你们为荣，学校将以你们为骄傲，全社会将以你们为自豪！让我们用智慧和责任共同铸就新北关小学更加辉煌的明天！

勤奋学习　感念师恩
——优秀学生代表张梓琪献词

敬爱的老师、亲爱的同学们：

九月的天空飘溢着金秋收获的气息，在我们迈进新学年的时候，一年一度的教师节，也踏着轻盈的步子缓缓而来。对我们每一个学生来说，老师，永远都是最值得我们尊重和感恩的人。在第 37 个教师节来临之际，请允许我代表全体同学，向辛勤工作的老师，衷心地说一声：老师，您辛苦了！

一位老师曾经说过这样的话：我们不需要太多的荣誉和赞美，我们只喜欢"老师"这两个字……这质朴的语言无疑是老师们共同的心声。我们

节
庆
篇

67

感谢老师辛勤的培育，感恩老师的谆谆教诲。课堂上，老师一道坚定的目光，一个轻轻的点头，证明我们在全身心投入学习；下课后，我们一抹淡淡的微笑，一声甜甜的"老师好"……这便是对老师辛勤工作的最好回报，也是老师最大的欣慰。

同学们，乘着九月的翅膀，我们走进了新的学年，我们的老师又开始了新的耕耘。我们已下定决心，要用积极的发言、自信的目光去迎接学习的挑战，用文明的言行、健全的人格、乐观的生活态度去回报老师们的辛勤付出。今天我们用进步和荣誉，写出一个金色的童年；明天我们要用优异的成绩、赤诚的热情回报老师的殷殷期盼。

亲爱的同学们，让我们把对老师深深的爱化作实际行动，作为教师节最好的礼物。最后祝敬爱的老师：节日快乐，身体健康，工作顺利！

心守三尺讲台 静待满园花开

——优秀教师代表申武广发言

金秋送爽，佳果飘香，在这喜庆祥和的美好时刻，我们共同迎来了第 37 个教师节。能在这样一个特别的日子里，作为教师代表发言，我感到十分荣幸，心情也特别激动。借此机会向在凤凰厅举行感恩教师节辛勤耕耘的老师致

在凤凰厅举行感恩教师节庆祝活动

以最真诚的祝福——老师们，你们辛苦了！祝大家节日快乐！

年年花似锦，今年花更红。在这收获的日子里，我们感到欣慰。一

年一度的教师节，体现了国家、社会对教师的关怀，体现了教师的价值。作为教师，我们越来越感受到来自四面八方的尊重羡慕的目光。我为是一名教师而感到骄傲和自豪。教师以培养人才、教书育人为己任，被誉为人类的灵魂工程师，这既是我们作为教师的无上光荣，也让我们深感任重而道远，责任在肩。

我和所有的老师一样，选择了教师职业，也热爱这个职业。我们努力上好每一节课，在经历了酸甜苦辣之后，我们也感到欣慰。时代的号角已经吹响，终身学习的时代已经到来，迎接新课改的挑战，就要做好各方面的准备。我爱我的事业，我会把认真负责作为自己的座右铭，力争把各项工作都做得更好，用教师的职业道德衡量自己、鞭策自己。我爱我的事业，就要力争做一个开拓进取、不断完善的教师。热爱教师事业，我将做学生的好老师，做学校的好教师，奉献教育，服务学生。

记得著名特级教师于漪曾深情地对同事们说："如果人的生命有一百次，而且每次都可以让自己选择职业，那么我将一百次选择教师这个太阳底下最光辉的职业！"这句话道出了我们教师的心声，我也会把教师这一职业当作一生的事业去追求。言传身教，衣带渐宽终不悔；鞠躬尽瘁，一腔热血洒杏坛！

作为教师，我们需要宁静为学，宁静为人；永不满足，永不停步。作为中青年教师，我们需要专心教书，热爱教育；脚踏实地，努力工作。苏霍姆林斯基说："做教师最快乐的事莫过于穷尽毕生之力，研究如何做一个最优秀、最受学生欢迎的教师。"著名作家马克·吐温也说："当一个人把注意力集中到一个焦点上，那就会做出连他自己都感到吃惊的成绩来。"如果我们能从"专心教书，热爱教育"开始，取得成绩和荣誉后又能"宁静为学，宁静为人"，那么我们就完全有可能成为最优秀、最受学生欢迎的教师，就能在自己的职业中找到快乐和幸福，使每天都成为自己的教师节！

最后，我想用这样一段话结束我今天的发言：选择了勤勉和奋斗，也就选择了希望和收获；选择了纪律和约束，也就选择了理智和自由；选择了痛苦与艰难，也就选择了豁达和成熟；选择了拼搏与超越，也就选择了成功与辉煌！耿耿园丁意，拳拳育人心。

老师们，让我们携起手来，把教师节作为一个新起点，在各自的岗位上，齐心协力，奋发进取，和美做人，踏实做事，为新北关小学更美好的明天而共同努力吧！

活动总结

九月金秋，空气中弥漫着感念师恩的情绪。尊师重教是永远的美德，为了让老师们愉快、充实地度过这个教师节，培养学生养成尊敬师长的好习惯，学校开展了丰富多彩的庆祝活动。声音表恩情，卡片表心意，笔尖诉心声。在这感念师恩的浓浓氛围中，涉县新北关小学教师度过了一个快乐的教师节。

学生心中的好老师

"金秋九月颂师恩"教师节主题活动，通过向老师送祝福的方式让教师感受到节日浓郁氛围，其活动效果十分明显。二级部孙老师说："这一大早上就收到来自同学们的节日祝福，真的是又开心又感动。"这句话说出了老师们的心声。

这次活动，全体教师和学生都参与其中。在学生给老师送祝福语的那一刻，老师们的脸庞都露出了甜甜的笑容，听着同学们感恩的歌声，老师们的心就更甜了。同学们的祝福、老师们的感动汇集在一起，整个学校充满了温馨的气息。

在征文活动中，学生们把对老师的感恩续写在纸上，用无声的文字带给了老师们无限的欢乐。老师们也表达着对学生们的感谢，开心地与同学们谈笑着。在闲聊中，师生间的距离更近了，师生情更深了。尤其是"庆教师节师生联欢会"更是将活动推向高潮。师生们的精彩表演，让感念师恩的动人旋律回荡在和美校园的每一个角落。

活动虽然短暂，但活动中的感动却让人无法忘记。"桃李不言，下自成蹊。"让我们继续努力，在教书育人的路上，收获满满。

学生绘画作品

　　"国庆"一词，本指国家喜庆之事，最早见于西晋。今天称国家建立的纪念日为国庆节。中华人民共和国国庆节又称"十一""国庆日"等。1949年12月2日，中央人民政府委员会会议决定每年的10月1日为中华人民共和国国庆日。

迎国庆 颂祖国

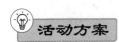 活动方案

活动目的：

　　为了加强爱国主义教育，培养学生良好的爱国情操，激发少先队员的爱国主义情感，增强少先队员的集体荣誉感，进一步加强未成年人的思想道德建设，涉县新北关小学特推出以"迎国庆 颂祖国"为主题的特色德育活动。

　　活动时间：9月27日—10月8日

　　活动内容：

　　（一）宣传发动

在活动开始前，学校成立活动领导小组，组织策划，布置各项活动事宜。

1. 在学校大门口悬挂国旗，鼓励各班在教室门口悬挂小国旗。

2. 利用升旗仪式，进一步增强全体师生的爱国热情。

　　（二）活动形式

1. 开展一次"祖国，我为您骄傲"主题班会。

2. 举办一次"祖国如此美丽"作品展览。

一、二年级水彩绘国旗；三、四年级图文赞祖国；五、六年级妙笔绘家乡。

3．开展一次"颂祖国，唱国歌"亲子诵读活动。

4．观看一部爱国主义影片。

5．各班组织学生唱好《中华人民共和国国歌》《中国少年先锋队队歌》。

（三）总结表彰

各级部根据班级数的三分之一进行表彰，给学生颁发荣誉证书。

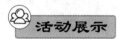 活动展示

祖国 我为您骄傲
——主题班会

一、活动目的

通过主题班会，深入学习了解国旗、国歌和国徽的含义，知道国旗和国徽是国家的标志，代表着国家主权和尊严，我们要尊敬爱护国旗、国徽，高唱国歌。从小培养学生爱国主义思想，厚植爱国主义情怀，号召全校学生以蓬勃向上的姿态迎接新中国的诞辰纪念日。

二、活动形式

朗诵、演讲、演唱歌曲。

三、活动过程

1.导入。国旗是代表国家的旗帜，它代表国家的主权和尊严，是国家的标志。国徽是代表国家的徽章，是国家民族精神的象征、工农阶级的象征、我国人民大团结的象征。国歌表现了中国人民的呼声，代表着中华民族在历史长河中不断反抗压迫、艰苦奋斗、自强不息的精神。国旗、国徽、国歌，是最崇高、最神圣、最亲切的，我们怎能不将自己的荣辱与它们联系在一起呢？

2.了解国旗的象征意义。中华人民共和国国旗是五星红旗。组织学

生了解五星红旗的象征意义。

3．了解国徽的象征意义。中华人民共和国国徽，中间是五星照耀下的天安门，周围是谷穗和齿轮。

4．会唱国歌也是爱国的表现。"一滴水可以折射太阳的七彩光芒。"同样，从唱国歌上可以看出我们是否真正爱国。我们在唱歌时的神情和态度，我们的内心感受都能说明我们究竟爱不爱国，究竟有没有民族自豪感。

5．班级特色展示。请几位同学为大家展示他们的才艺。

6．班会总结。同学们，那国歌声中"起来！起来！"的呐喊，鼓舞着我们中华民族的新一代不断创新，激励着每一个中华儿女自强不息。一代人有一代人的长征，一代人有一代人的担当。请大家努力学好文化知识，将来为振兴中华贡献自己的一份力量。

祖国在我心中
——活动演讲

9 月 27 日上午，新北关小学的全体师生在操场上排着整齐的队伍，举行庄严的升旗仪式。在全体师生专注的目光中，鲜艳的五星红旗冉冉升起，全体师生唱起雄壮的国歌。507 中队张楚莫同学在国旗下进行演讲。

敬爱的老师们、亲爱的同学们：

大家好！我是新北关小学 507 中队的张楚莫，今天我演讲的题目是《祖国在我心中》。

站在国旗下，举目仰望那迎风飘扬的五星红旗，眼前顿时呈现出一幅雄鸡傲立的画面——我们伟大祖国的版图，心中不禁感慨万千。每当这个时刻，我们都沉浸在雄壮的国歌声中，庄重而严肃地向祖国默默许下自己的志愿。新一代的我们身上担负着千斤重担，我们是祖国最宝贵的财富。

回顾中华民族的历史长河，在古代有精忠报国的岳飞，有誓死抗击倭寇的戚继光等仁人志士；近代以来，为了保卫国家，反抗帝国主义的侵略，更是有许多民族人士为捍卫主权而慷慨就义。新中国成立以后，有很多杰出人物，如邓稼先、华罗庚、钱学森等，他们放弃国外富足的生活，回到一贫如洗的祖国，为国家的现代化建设贡献自己的力量。这些人的光辉形象和他们可歌可泣的动人事迹，永远鼓励着每一个中国人奋发向上！

　　我们作为新世纪的青少年一代，是祖国的希望，因此我们更要继承和发扬崇高的爱国主义精神。亲爱的同学们，为了新北关的荣誉，为了我们肩上的重任，为了民族的腾飞，让我们努力学习，做一个有能力、有担当让父辈们信任的接班人！

图文赞祖国

　　为了激发学生的爱国热情，加强爱国主义教育，新北关小学开展了"祖国如此美丽"图文绘画作品展览。孩子们用一幅幅图文并茂的手抄报和一篇篇妙笔绘家乡的习作，为祖国母亲送上最美的祝福，用纯真稚嫩的文笔表达对家乡和祖国的热爱。

　　一篇篇"迎国庆，颂祖国，赞家乡"的习作，笔墨生香，共书芳华。小作者们的作品工整隽永，语言流畅，感情真挚，从他们的字里行间我们能感受到小作者们强烈的爱国、爱家乡的情怀。相信有了同学们的努力，祖国的明天更美好！

学生绘画作品

重温红色记忆

各班组织观看爱国主义影片，唱《中华人民共和国国歌》和《中国少年先锋队队歌》，让孩子们追寻红色记忆，感悟革命精神，让孩子们在活动中提升爱国境界，树立远大理想，增强"求真、求善、求美"的校园文化。

活动总结

在国庆节来临之际，为了加强爱国主义教育，激发学生的爱国主义情感，增强学生的民族自豪感，进一步加强未成年人的思想道德建设，涉县新北关小学开展了以"迎国庆 颂祖国"为主题的特色德育活动。

成立领导小组，通过商讨确定了一系列方案。学校领导的重视，老师的配合使得活动圆满结束。

在升旗仪式上，伴随着国旗的冉冉升起，全体师生注目国旗，少先队员行队礼，全体师生唱国歌，张楚莫同学激情演讲，充分表达了全校师生对祖国的热爱之情。

要求各班班主任组织好关于"祖国，我为您骄傲"的主题班会，激发学生的爱国情怀。

学生通过水彩绘国旗、图文赞祖国、妙笔绘家乡、观看爱国影片、唱响《中华人民共和国国歌》《中国少年先锋队队歌》等多种表现方式，抒发了对祖国的热爱。

通过"迎国庆 颂祖国"系列活动的开展，新北关小学的学子们接受了爱国主义教育的洗礼，抒发了热爱家乡、热爱祖国的豪情。同学们用手中的笔、深情的眼神、嘹亮的歌声传递着对祖国深深的情、浓浓的爱，为祖国献上一份深情的祝福：祝福伟大的祖国国泰民安、繁荣昌盛！

祖国如此美丽

涉县新北关小学512中队　申庆灏

高尔基说过"世界上的一切光荣和骄傲，都来自母亲。"

当看到冉冉升起的五星红旗，一束阳光透过天空照射在我们的国旗上。微风轻轻拂过，吹过田野，吹过森林，吹过海洋，吹到祖国的庞大身躯。啊！这就是我的祖国母亲。

她是无私的，也是美丽的。伟大的中华文明，传承者一代又一代。五十六朵鲜花，装点着祖国。她拥有着约960万平方千米的陆地面积和300万平方千米的领海。她也同时拥有着世界上最长的古代防御工事的万里长城；世界上最高的咸水湖——纳木错；世界上最高的山峰——珠穆朗玛峰世界上最低的盆地——吐鲁番盆地……她

节庆篇

77

和美德育

不仅养育了我们，还创造了许多不可思议的东西。

　　还有那艰苦卓绝的长征，让我认识了您的坎坷；残忍的大屠杀，让我认识了您的悲愤。今天，我们不是当年被嘲笑的"东亚病夫"，也不是当年任人宰割，却手无寸铁的人。而是新一代的接班人，为了祖国而发奋图强的我们。祖国，您在新世纪太阳的照耀下，一定会欣欣向荣，生机勃勃。

　　我的母亲！我的祖国母亲！您最美丽!

中秋节，为每年的农历八月十五，是我国一个重要的传统节日。中秋节又叫"祭月节"，是仅次于春节的第二大传统节日。中秋节的最大意义和主旨是"团圆"。中秋之夜，月色皎洁，古人把圆月视为团圆的象征，因此，又称八月十五为"团圆节"。民间中秋节有吃月饼、赏月、赏桂花、猜灯谜等多种习俗。

情浓中秋 月满人间

活动方案

活动目的：

为尊重传统习俗，弘扬传统文化知识，充分挖掘中秋节的深厚文化内涵，激发广大师生的爱国主义情怀，在中秋节前后，涉县新北关小学特组织开展"情浓中秋 月满人间"主题活动。

活动时间：中秋节

活动内容：

（一）活动准备

搜集中秋节的由来、中秋灯谜、中秋节的传说故事等；通过查资料，询问身边的长辈，了解家乡过中秋节的风俗习惯。

（二）活动形式

开展一次主题班会，各班开展一次"情系中秋"主题班会，使学生了解中秋节的由来，讲一讲中秋节的传说故事，说一说中秋节的风俗习惯；制作一张中秋祝福卡，各班在假期前布置制作中秋祝福卡，每班精选 5 张精品，上交少先队大队部；举办一次"中秋诗会"，如：含"月"字的成语接龙，中秋诗词、佳句赏析，全班诵读、背诵；开展一次主题书画比赛，一、二年级设计一种月饼图案，要求设计精美，三、四年级制作中秋佳节手抄报，五、六年级写一篇中秋节征文；拍摄一张中秋节合影。

（三）总结表彰

学校根据班级活动情况评比优秀班集体和个人。

活动要求：

各班在开展活动时做好照片拍摄工作，各班班主任根据本班开展活动情况进行图文报道。

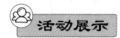

主题班会

一、活动目标

1. 让学生了解农历八月十五是中秋节，以及中秋节的由来、民间传说、习俗。

2. 让学生知道中秋节是我国民间庆丰收、贺团圆的节日。

3. 激发学生热爱祖国传统文化，热爱大自然的情感。

4. 使学生了解各种形状的月亮的名称。培养学生团结合作、尊重事实的科学态度。

二、活动建议

1. 根据低年级学生的年龄特点，本课在内容的设置上由浅入深。主要从中秋节的风俗习惯入手，让学生初步了解中秋节。通过尝一尝中秋月饼，画一画中秋月饼等动手操作活动，来激发学生对民俗节庆课的兴趣。

2. 可以让学生回家做适当的准备，通过询问父母、查阅资料等方式，了解中秋节的来历和习俗。

3. 在课后拓展环节，主要是让学生将自己对中秋节感兴趣的内容和习俗用图画的形式表现出来，让学生画一画心中的中秋节，作品在班中的"和美少年展风采"板块进行展示。

三、活动过程

（一）谈话引入，交流中秋节的习俗

1. 师生谈话，引入八月十五中秋节。

2. 学生交流今年中秋节的活动安排。

3. 大家一起分享有关中秋节的习俗，如吃月饼、赏月、观潮、燃灯、玩玉兔、拜月等。

（二）听故事，说心愿

1. 教师讲"嫦娥奔月"的故事。

2. 学生打电话与"嫦娥姐姐"说说心里话。

出示听话、说话要求：仔细听，牢牢记，说清楚，说完整；说话时注意打电话的礼仪；教师及时辅导点评，注意句子的完整性、优美性；学生小组讨论交流。

（三）了解有关月亮的知识

1. 教师诵读《水调歌头·明月几时有》。

2. "月亮博士"给同学们讲一讲月亮的奥秘。

"月亮博士"请同学们把自己见到过的月亮的形状画下来，并把它剪下来；把同学们的作品按月亮的形状归类，展示在黑板上；同学们交流从地球上看到这些不同形状的月亮的原因，交流月亮的名称，"月亮博士"边归纳边板书；师生品尝月饼。

（四）教师小结

这节班会课，我们了解了中秋节的由来、习俗，表达了自己的想法与愿望。中秋节既是一个丰收的节日，又是一个团圆的节日。老师希望同学们天天拥有一个好心情，快乐学习，健康成长！

四、布置作业

中秋节，向家人讲述中秋故事，诵读含"月"字的诗句；观察月亮的形状变化并记录。

节 庆 篇

81

📷 **活动总结**

团圆中秋，合家情暖。为充分挖掘中秋节的文化内涵，引导学生进一步了解传统节日，尊重传统习俗，弘扬祖国的优秀文化，激发广大学生的爱国情怀，在中秋节前夕，新北关小学组织全体学生开展了一系列"情浓中秋 月满人间"主题活动。

中秋成语接龙赛

各班开展丰富多彩的活动，了解中秋节的由来、传说故事、各地的习俗等，张张笑脸中饱含着孩子们对中秋的热爱，对月亮的神往，对知识的期待，在"中秋诗会"环节，学生们把课下搜集的"月"字成语搬上擂台，开展了成语接龙赛，孩子们积极参与，勇于表现，积累成语，收获快乐！中秋诗词、佳句也纷纷在大屏幕上亮相，孩子们抑扬顿挫的诵读声，将浓浓的中秋气氛推向了高潮。

中秋节是人们向往团圆、思念亲人的节日。孩子们用稚嫩的双手，一笔一画，书写横平竖直，挥动彩色的画笔，描绘生活的五彩斑斓，表达对长辈的一片孝心，给亲人的一份爱心，给朋友的一份关心。一样的精彩，不一样的感动！

　　平分秋色一轮满，常伴云月新北关。本次活动加深了学生们对中秋节这一传统节日的认识，更激发了他们学习传统文化的兴趣。相信新北关学子们在老师和家长的精心培育下，一定会健康成长，成为国家的希望和民族的栋梁！

中秋节绘画作品

和美德育

明月幾時有把酒問青天不知天
上宮闕今夕是何年我欲乘風歸
公又恐瓊樓玉宇高處不勝寒起
舞弄清影何似在人間轉朱閣低
綺戶照無眠不應有恨何事長向
別時圓人有悲歡離合月有陰晴
圓缺此事古難全但願人長久千
里共嬋娟　錄宋蘇軾詞水調歌頭

歲在壬寅秋江語綺书

学生书法作品

84

养习篇

养习教育的核心是以生为本，培养学生健全的人格，提高学生综合素质和提升学生道德修养。小学阶段是人生过程中一个关键时期，这一阶段养成良好的习惯对学生未来发展起着举足轻重的作用。学校开展养习教育，培养良好习惯，就是通过系列活动，让学生从小树立良好的生活习惯，珍惜现在的幸福生活，懂得感恩，进而培养学生吃苦耐劳、坚韧不拔的品质。

养习篇包括六个主题：一年级"和美人生从这里起步"的入学礼，开启了孩子们快乐的旅程；二年级"我是少先队员了"的入队礼，激发学生对少先队组织的热爱；三年级的"自己的事情自己做"生活自理能力比拼，让学生养成良好的生活习惯；四年级"走进乡村实践活动"，带领学生亲自下地参加劳动，亲身实践，感受幸福生活来之不易；五年级"一路收获 一路歌"的远足活动，增强学生体质，强化集体意识、培养学生坚忍不拔的意志品质和吃苦精神；六年级"和美少年 扬帆远航"的毕业礼，使学生充分体会到作为新北关学子的自豪感和荣誉感。

育苗有志闲逸少，润物无声辛劳多。播下一种行为，收获一种习惯，养成一种习惯，收获一种人生。全体教师用自己的心血和汗水培养教育学生，使他们养成良好生活习惯和学习习惯，为他们幸福一生打下坚实基础。

五星红旗迎风飘扬

——升旗礼

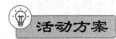 活动方案

活动目的：

加强爱国主义教育，培养学生的爱国热情，增强学生的民族自豪感；推进文明校园、和谐校园建设，塑造良好师生形象；提高学生集体意识，培养学生集体荣誉感，增强集体凝聚力。

活动时间：周一上午

活动地点：学校操场

参加人员：全校师生

活动主持：各班中队长

活动流程：

（一）出场

播放出操音乐，各班迅速整队，按指定路线进场，做到快、静、齐；每班进场后在指定地点站齐，面向主席台，班主任站在本班队伍的前面，科任老师站在本班队伍的后面，综合学科教师在指定地点列队一排。

（二）出旗

国旗护卫队分两路纵队伴随音乐从主席台前由西向东，以正步前进。随着音乐的停止，国旗护卫队成员排成护旗方阵，等待升旗。

（三）升旗

升国旗，奏唱国歌。

（四）演讲

值周班级精心准备"国旗下演讲"内容。演讲稿紧扣逐周安排主题，时间控制在 3—4 分钟。

（五）总结

由上周值周级部主任作值周总结和下周工作安排，并颁发流动红旗。获"和美班级"的班长在升旗仪式开始前到主席台候场区排队等候，待主持人宣布"获得'和美班级'的班长上台领奖"，伴随音乐依次登台，站在主席台中间区域，领奖后统一向右转，依次退场。

（六）退场

升旗仪式结束，各班由班主任带领，沿指定路线有序退场。

活动要求：

进、退场队伍整齐，精神饱满。各班学生在教室楼道排好队，每班两纵队。上下楼梯靠右行走，保持前后距离，不得出现推、拉、挤等现象，班主任带队维持。出旗过程中，全体师生保持肃静，立正，行注目礼。升旗过程中，全体师生立正，面向国旗，教师行注目礼，少先队员行队礼。唱国歌时声音洪亮，节奏准确，口齿清晰。国旗下演讲时，要求队员态度大方，语言流畅，语气生动，富有感染力、号召力。值周总结要具体、客观、准确地指出值周中发现的优缺点，并进行分析，表扬与批评要合理、公正。值周安排要主次分明，内容简洁明了，以条目呈现。机动内容涉及的相关处室，需提前与大队部联系，以便做好安排。无特殊情况，每周一进行升旗，全体师生准时到指定位置参加升旗仪式，少先队员穿校服，佩戴红领巾，不得无故在教室滞留，因病须向班主任请假。每次升旗仪式，主持人及国旗护卫队成员提前到指定地点做好准备。

升国旗主题安排（2021 春）

月份	周次	日期	主题	负责人	级部	备注
三月 学雷锋树新风	1	3月8日	新学期寄语	赵飞霞	四	3月5日 学雷锋纪念日
	2	3月15日	弘扬雷锋精神 争做"和美少年"	刘爱伟	五	3月12日 植树节
	3	3月22日	寻找 "身边最美的人"	范丽娜	六	
	4	3月29日	情系雷锋月 爱洒三月天	申武广	三	雷锋月活动 总结
四月 保护环境	5	4月5日	环保，我们在行动	张彦华	二	4月7日 世界卫生日
	6	4月12日	寻找 "身边最美的人"	贾华兵	一	
	7	4月19日	珍爱美丽地球 守护自然资源	赵飞霞	四	4月22日 地球日
	8	4月26日	寻找 "身边最美的人"	刘爱伟	五	5月1日 劳动节 5月4日 青年节各中队 评选月"和美 少年"
五月 学会感恩	9	5月6日	弘扬中华孝道 感恩天下母亲	范丽娜	六	5月9日 母亲节
	10	5月10日	寻找 "身边最美的人"	申武广	三	
	11	5月17日	好习惯成就大未来	张彦华	二	
	12	5月24日	寻找 "身边最美的人"	贾华兵	一	

养习篇

和美德育

月份	周次	日期	主题	负责人	级部	备注
五月 学会感恩	13	5月31日	欢庆六一儿童节	赵飞霞	四	6月1日 国际儿童节校级评选"和美少年"
六月 学贵得法	14	6月5日	低碳生活从我做起	刘爱伟	五	6月5日 世界环境日
	15	6月12日	寻找 "身边最美的人"	范丽娜	六	
	16	6月19日	学习贵在得法	申武广	三	
	17	6月26日	假期安全牢记心中	张彦华	二	

低碳环保 从我做起

——国旗下主题演讲

尊敬的各位领导、老师，亲爱的同学们：

大家上午好！今天我国旗下演讲的题目是"低碳环保，从我做起"。

同学们，当你们在有空调的房里玩电脑时，当你们坐着私家车去游玩时，当你们在西餐厅里享受美味牛排时，你们有没有想过"低碳"这个问题呢？低碳生活是指生活作息时所耗用的能量要减少，从而降低碳，特别是二氧化碳的排放。

我们只有一个地球，地球给了我们一个唯一的不可替代的生存环境，也给我们提供了许多丰富的物产资源。可以说，没有地球就没有我们人类。可是我们很多人却缺少保护地球的意识，不自觉地破坏着环境。比如随地扔垃圾，在公共物品上乱涂乱画，乱折花草树木，浪费水电，等等。这些行为随处可见，都是我们的环保意识差，自我约束能力不强造成的。

作为新北关小学的一名学生，我们一定要提高自身环保意识。比如：

一、不要随地吐痰，不要乱扔垃圾，垃圾一定要分类后扔进垃圾箱。

二、爱护公共物品，不要随意破坏。

三、尽量选择低碳出行，减少开车出行。

四、随手关紧水龙头，节约每一滴水，每一度电，珍惜粮食，为地球节省资源。

五、尽量不使用一次性物品，如一次性筷子、一次性塑料袋等。减少使用纸巾，多使用手帕。

六、不乱踏草坪，爱护花草，保护树木，参加植树造林活动。

同学们，低碳环保并不是我们多喊几句口号就可以实现的，它需要我们真正在实际生活中去实践。让我们共同携手，从节约一张纸，节约一度电，节约一滴水，分类一袋垃圾做起，为保护我们美好的家园而努力奋斗！

我的演讲到此结束，谢谢大家！

207 中队　赵鑫垚

2021 年 4 月 5 日

值周工作总结

时间	4月5日	周次		5	值周班	207
本周"和美班级"		102　108　204　209　307　309 402　410　509　511　604　609				
上周工作总结		1.教师进行了骨干教师示范课。 2.全校进行了科幻画评比。 3.各班进行了卫生大扫除，使我们的校园更加干净、整洁。				
本周工作安排		1.全校要举行"和美论坛"讲述。 2.举行道法科学讲课比赛。				

养
习
篇

升国旗主题安排（2021秋）

月份	周次	日期	主题	负责人	级部	备注
九月	1	9月6日	安全教育	申武广	六	开学典礼
	2	9月13日	感恩教师	赵飞霞	五	9月10日教师节
	3	9月22日	情浓中秋	范丽娜	四	
	4	9月27日	美习养成	张彦华	三	
十月	5	10月11日	我为队旗添光彩	贾华兵	二	10月13日中国少先队建队日
	6	10月18日	预防疾病增强体质	贾华兵	一	
	7	10月25日	低碳环保从我做起	申武广	六	
十一月	8	11月1日	我运动我健康	赵飞霞	五	校级冰雪运动会
	9	11月8日	关爱生命远离火灾	范丽娜	四	
	10	11月15日	尊老孝亲教育	张彦华	三	
	11	11月22日	爱护公物厉行节约	贾华兵	二	
	12	11月29日	我劳动我快乐	贾华兵	一	
十二月	13	12月6日	做遵纪守法少年	申武广	六	12月4日国家宪法宣传日
	14	12月13日	勿忘国耻振兴中华	赵飞霞	五	12月9日爱国运动纪念日
	15	12月20日	文明守纪爱我校园	范丽娜	四	
	16	12月27日	欢庆元旦	张彦华	三	
一月	17	1月3日	校级"和美少年"表彰	贾华兵	二	
	18	1月10日	假期安全牢记心中	贾华兵	一	

情浓中秋 国旗飘扬

——国旗下主题演讲

尊敬的老师、亲爱的同学们：

大家早上好！今天我演讲的题目是"情浓中秋，国旗飘扬"。

秋意渐渐浓了，正是丰收的季节。月亮渐渐圆了，正是举国团圆的节日。一眨眼，又到了我们中华民族传统节日——中秋佳节。

中秋节，又称月夕、秋节、团圆节。这天举国欢庆，家家团圆，吃月饼，赏明月，猜灯谜，一派祥和的节日气氛。金桂飘香，花好月圆，寄托着人们对生活的无限热爱和对美好生活的深情向往。

"举头望明月，低头思故乡。""但愿人长久，千里共婵娟。""海上生明月，天涯共此时。"这是一个思乡怀亲的节日，这是一个飘溢亲情的节日，这是一个弥漫团圆的节日。我们在这个节日，感受亲情，释放亲情，增进亲情，我们在这个节日，盼望团圆，追求团圆，享受团圆。这些，

93

都已成为我们生活的主旋律。

老师们、同学们，这个中秋，我们要怀着一颗感恩的心来度过！感恩那些成就我们的人，感恩那些帮助我们成长的人！心怀感恩，我们才能健康成长，才能懂得助人为乐，才能懂得勤奋学习，才能用我们所学的知识为国旗添彩，让国旗永远飘扬！

最后，祝各位老师、亲爱的同学们中秋快乐！谢谢！

403 中队　李浩然

2021 年 9 月 22 日

值周工作总结

时间	9 月 22 日	周次	4	值周班	403
本周"和美班级"		205　207　306　307　403			
		410　503　513　602　605			
上周工作总结	1.上周是推普周，各级部举行了形式多样的宣传活动。 2.中秋佳节，各班按照和美德育指南举行了多种活动，激发了广大师生的爱国情怀。 3.利用周四、周五两晚上分级部召开了线上家长会，使家长进一步明确了学校的要求，促进了家校合作。 4.扶贫工作精准落实、开展。				
本周工作安排	1.一级部入学礼。 2.教师专业能力测试。 3.疫情防控常抓不懈，各班及时填报通风消毒记录。				

和美人生从这里起步

——入学礼

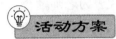 **活动方案**

活动目的：

新入学的孩子及其家长和老师一起互动参与行动，增进彼此的了解和信任，感受学校良好的学习生活氛围，初步了解新北关小学的"和美"文化，了解学校的校徽、校歌、校训，增强荣誉感和自豪感，体会新北关小学这个大家庭的温暖，并给孩子们留下一份难忘的美好回忆，开启他们人生中快乐的旅程。

活动时间： 9 月 15 日

活动地点： 学校操场

参加人员： 学校领导、一年级全体师生和家长、六年级学生代表。

活动准备： 场地布置：背景墙、红毯、鲜花等；音响、播放视频；入场及队列管理。

活动流程：

第一项：入场。一年级新生及家长在班主任老师的带领下，按指定路线有序进场，在指定位置站好。

第二项：升国旗，奏唱国歌。

第三项：校长致欢迎词。

第四项：认识校徽。请六年级学生代表介绍校徽含义。

第五项：行鞠躬礼。全体学生面向父母行鞠躬礼，感谢父母的养育之恩和教导之情。家长赠予孩子入学的第一份礼物及祝福语，孩子还父母一个深深的拥抱。

第六项：介绍校园文化。播放校歌《雏凤高飞》，介绍学校校园文化建设，让学生初步了解涉县新北关小学不断前进的历程以及"和美"文化。

第七项：播放同期声。播放学校部分教师和同学的同期声，表达对新生的欢迎。

第八项：介绍一年级班主任。

第九项：授班牌。校长为各班班主任授班牌，学生代表为老师献花。

第十项：行拜师礼。学生在级部主任带领下向班主任行拜师礼。班主任走下红毯和孩子、家长握手拥抱。

第十一项：认识新伙伴。与身边的同学互作自我介绍。

第十二项：宣誓。简介校训，所有学生一起宣誓。

第十三项：新生代表发言。

第十四项：合影留念。各班班主任组织学生在大屏幕前合影，留下在新北关小学的第一张全家福。各班学生及其家长在班主任的带领下参观学校，六年级选派优秀学生担任讲解员。

活动安排：

早上6点所有参加活动的教师、工作人员必须到岗、签到；学校门口安排一名引导员，张贴新生入学礼标识，同时引导家长从诚信路前往会场；要在会场地面做好每个班级的站位标识，同时每班安排一名教师手举班牌在标识处等候，组织学生、家长全部到齐后，班牌统一放在操场指定位置；体育组老师负责组织升旗手、护旗手按时到岗，负责全体学生整队和秩序维护；音乐组负责组织献花学生。要求献花学生穿白裤袜、白鞋，梳丸子头，上学时穿粉色裙子披外套，上台时脱了外套；政教主任负责大屏音乐和视频播放，视频、音乐统一放一个U盘，按照顺序标记好；通知讲解校徽和领读宣誓的学生王芷阳6:30到会场；102班班主任负责新生代表发言，结束后就到舞台候场；所有校级领导6:50提前到会场等候；一级部主任负责和花店联系，六点半鲜花送到操场；安排摄像3人，信息报道1人。

注意事项：

1. 制作精美电子邀请函，盛情邀请每一位学生家长。学生入学礼当天不要带背包和水壶。

2. 一年级全体教师统一穿黑色或藏青色西装、黑皮鞋。鼓励家长尽量穿正装。

3. 要求所有参会人员做到慢步轻声，严格遵守活动秩序，听从活动安排，文明参观，文明拍照。

4. 升国旗时，家长先后转身，面向凤凰台；升旗结束后，转回原位。

5. 赠送孩子礼物环节，由于孩子们个子比较小，家长统一蹲下。

6. 仪式结束后，家长从101班开始依次在主席台合影留念。班主任把学生领回教室，家长从勤奋路退场。

入学礼上教师为学生点朱砂

养
习
篇

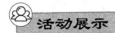

"入学礼"邀请函

尊敬的一年级家长：

　　您好！金秋九月，丹桂飘香。在这收获的季节，新北关小学迎来一年级新生，祝贺您的孩子已经正式成为涉县新北关小学的一员，这也是他们人生的一个新起点。为此，学校将为他们举行一个隆重的入学欢迎仪式，并盛情邀请全体新生家长来校参与，共同见证这一幸福、难忘的时刻。现将具体事宜通知如下：

　　1. 时间：9 月 15 日 8：00 凭邀请函和孩子一起入校，到各班签到处签到。

　　2. 请父母中的一位代表参加，穿正装。

　　3. 家长提前准备赠予孩子的礼物和祝福语。

　　4. 自觉维护会场秩序，保持会场安静，不在会场内抽烟。

　　5. 注意交通安全，倡导绿色出行。

　　诚挚地欢迎各位家长届时参加孩子的入学仪式，恭候您的光临!

新北关小学

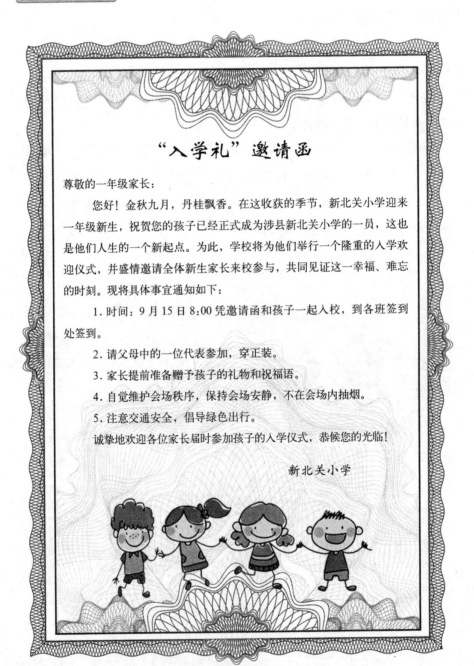

雏凤起飞　梦想从这里开始

——党支部书记、校长韩海河致辞

尊敬的各位家长、老师，亲爱的小同学们：

大家好！

在这个秋高气爽、硕果飘香的收获季节，我们在这里举行一年级新生的入学礼。首先我代表学校真诚地欢迎各位家长、孩子们加入新北关小学这个大家庭。

党支部书记、校长韩海河致辞

孩子们，不知不觉中你们长大了，已经是一位小学生啦！我代表学校的全体老师和学生向你们的到来表示热烈的欢迎和衷心的祝福！

新北关小学成立于 2009 年，是"国家奥林匹克教育示范校""河北省示范家长学校""河北省绿色学校""河北省教育工作先进集体""河北省依法治校示范校"，学校秉承"和美做人，踏实做事"的校训，强力打造和美教育，培养了一批又一批优秀人才，彰显了"和美育人，多彩发展"

99

的办学理念。

同学们，在这里，你们将快乐地学习，幸福健康地成长。我希望，你们人人争做谈吐文明、举止得体、积极向上的好学生。

家长朋友们，非常感谢你们一同来见证一年级学生的入学典礼。作为学校，我们深知孩子是家庭的希望，他们的成长牵动着每一位父母的心。你们把这样一群活泼可爱的孩子交给我们，我们既感到荣幸又感到幸福。在接下来的小学生活里，我们全体老师将用爱心、耐心和责任心，悉心呵护您的孩子；我们也更愿与你们一起手拉手，心连心，见证孩子的每一个成长瞬间。

"开启快乐旅程"是今天入学仪式的主题，也是老师、家长对孩子们最美好的祝愿。最后，让我们共同祝愿孩子们在新北关小学这片沃土上和谐快乐、蓬勃向上的成长和发展，拥有最美好的人生开端。

扬理想之风帆 抵成功之彼岸
——教师代表张彦华发言

尊敬的各位领导、各位老师，亲爱的同学们：

大家下午好！非常荣幸，我能够代表全体教师在这里发言。

九月的校园，金风送爽，我们满怀着喜悦的心情，带着美好的憧憬，相聚在新北关小学这个美丽的大家庭中。首先我代表全体教师向一年级的小朋友表示热烈的欢迎！在这个特殊时刻，能站在这里和老师、同学、家长们真诚交流，我感到非常荣幸。新学期的开始意味着新的希望、新的憧憬和新的征程。作为教师，在新学期里，我们本着"对学生尽责，对家长负责"的宗旨，以敬业务实的工作精神开拓进取，用丰富多彩的教学激发学生的兴趣，立足于讲台，向课堂教学要效率、要质量，加强与家长的沟通，架起家与学校间的七彩桥梁。

新的学习征程已经开始，希望同学们带上三样东西：第一，要带上理想和目标。就像一棵树，正是有了对阳光的渴望，它才可能直插云霄；就像一只鹰，正是有了对蓝天的向往，它才可能遨游天际。只有有理想的人生才是积极的人生，才能飞得更高，才能飞得更远。第二，要带上自信和坚强。我们的学习生活中免不了会有惊涛骇浪，有风沙泥潭。但有了自信和坚强，跌倒了你会爬起来，失败了你会重新再来。拿出你"天生我材必有用"的信心，拿出你"吹尽狂沙始到金"的毅力，拿出你"直挂云帆济沧海"的勇气，去迎接人生的风雨。只有经历风雨，我们才可能见到美丽的彩虹。大浪淘沙，方显英雄本色；暴雨冲过，更见青松巍峨！第三，要带上勤奋和努力。不要学那只懒惰的兔子，终点还没到，就在大树底下呼噜噜地睡起了大觉。古人说得好，"一寸光阴一寸金""少壮不努力，老大徒伤悲"。这些耳熟能详的话语，是古人用毕生的心血换来的真理。它无时无刻不在警醒着大家：勤奋和努力才是通向成功的捷径！

同学们，作为教师，我们早已做好准备，我们愿倾注所有，全力以赴。因为选择了这个职业，就注定我们的梦想、荣誉都与你们连在了一起。

你们是幸福的，我们就是快乐的；你们是进步的，我们就是欣慰的；你们是成功的，我们才是优秀的。

在这充满热情的金色季节，在这令人向往的收获季节，我们会用勤奋和汗水，用智慧和热情，努力创造美好的明天！谢谢！

争做"和美少年"
——新生代表刘潇宇发言

敬爱的老师，尊敬的各位家长，亲爱的爸爸、妈妈、同学们：

大家好！

我是一年级（2）班的刘潇宇，我有幸代表一年级新生发言，心中倍感激动。我们告别了幼儿园，走进了美丽的学校，开始了我们的小学生活。

从今天起，我们就成为一名光荣的小学生了。我们将要从这里起飞，

101

从现在开始追逐自己的梦想，我们感到非常自豪。请老师放心，请爸爸妈妈放心，我们一定会严格要求自己，成为少年君子、阳光学子，争做新北关"和美少年"，为班级争光！为学校争光！

谢谢大家！

超越自我　奋发向上
——新生代表张歆艺发言

敬爱的老师，尊敬的各位家长，亲爱的爸爸、妈妈、同学们：

大家好！

我是新北关小学 107 中队的张歆艺。金秋时节，瓜果飘香。当我第一次踏进新北关小学的大门，看到的是美丽高大的教学楼、和蔼可亲的老师、活泼可爱的同学们。能成为新北关小学的一名小学生，我很高兴。

我代表全体一年级小学生在这里向老师们保证：

我一定会遵守校规校纪，发扬"向上，向善，向美"的精神，努力学习，天天向上，争做一名"和美少年"。同学们，让我们一起加油！

小手拉大手　一起向前走
——105 班学生房蔓妮的妈妈家长感言

2021 年 9 月 15 日，我以新生家长的身份体验了新北关小学主题为"开启快乐旅程"的一年级新生入学仪式！这是一次梦想之旅，这是一次智慧的启迪，这是一场师生的情谊，这是一次爱心的传递！这更是一次家长的体验之旅！

当拉着孩子们的手踏上红地毯，我瞬间心生神圣，曾几何时，我们走过红地毯？今天我们自豪地走过，感受着两边同学们的掌声不断，真有种做"明星"的感觉!

当鲜艳的五星红旗伴随着国歌冉冉升起的那一刻,或许孩子们还意识不到升旗仪式的庄严,但我心已澎湃,泪水已涌出,不由自主地伸出右手与心相连,感恩强大的祖国!只有祖国和谐稳定,孩子们才能有温馨的学习环境!开学第一课,学校就给孩子们植入了爱国理念,这让我对学校心生敬畏!

当听着各位班主任和老师的发言时,我更是心生暖意,感受着这种老师与家长及孩子间的零距离,感受着大家庭的温暖,感受着浓浓的师生情……

入学礼在孩子们庄严宣誓的场景中完美收官了。入学仪式的结束也意味着孩子们的小学生涯真的来了,漫漫求学路正式开始了。感谢校领导精心设计的别具一格的入学仪式,感谢老师们的辛勤付出让入学仪式办得如此圆满。

新北关小学是个相亲相爱的大家庭,有优秀而敬业的老师,有团结而友好的同学。孩子们进入新北关小学就进入了一片五彩的天地,可以在宽阔的跑道上奔跑,可以在碧绿的草地上玩耍,可以在才艺舞台上放飞梦想,还可以在班级活动中感受快乐。这里就是一个大舞台,等着孩子们去发现和展示!从开学到现在短短十几天的时间,我们每一个新生家长都看到孩子们有了变化,他们在成长,俨然已经一副小学生的模样,越来越懂事,这一切都离不开老师们的辛勤付出。在此,请允许我代表所有的学生家长向辛勤培育孩子们的各位老师,致以我们崇高的敬意和诚挚的感谢!你们辛苦了!

一粒种子长出嫩叶,一颗稚嫩的心灵走向成熟,都是因为有一片成长的土壤。今后,愿我们每一位家长都能和新北关小学的老师们携手努力,共同为孩子们营造好这片成长的沃土!祝愿我们的孩子成为健康、文明、快乐、勇敢、充满正能量的小学生!

养
习
篇

活动总结

　　绚丽的九月，姹紫嫣红；火红的九月，硕果累累。在这阳光灿烂、凉风习习的九月，新北关小学又迎来了一批活泼可爱、天真聪明的一年级小朋友，他们在爸爸妈妈的陪同下一起参加了入学仪式。

副校长李文丽宣布入学仪式开始

　　2021年9月15日早上6:50，新北关小学一年级新生入学仪式正式拉开帷幕！入场前，孩子们把跟爸爸妈妈一起制作的心愿卡贴在心愿墙上。在班主任和科任老师的组织下，活力满满的孩子们和爸爸妈妈陆续穿过启航之门，踏上红地毯。

　　副校长李文丽宣布新北关小学2021年秋季一年级新生"开启快乐旅程"入学仪式正式开始。在嘹亮的国歌声中，鲜艳的五星红旗冉冉升起，全体师生和家长肃穆而立，满怀崇敬之情向国旗行注目礼及队礼，送上了对伟大祖国最诚挚的敬意。

　　韩校长为新生入学仪式郑重致辞，对新生加入新北关小学这个大家庭表示了热烈的欢迎和衷心的祝福，并寄语新生要在这里快乐学习，健康成长，争做谈吐文明、举止得体、形象可爱、积极向上的好学生。

父恩比山高，母恩比海深。作为一个孩子，最应该感谢的人就是父母。在主持人的引导下，全体学生面向父母行鞠躬礼，感谢父母的养育和教导之恩。家长赠予了孩子入学的第一份礼物，并对孩子说出了自己的心里话和最真挚的祝福。

一年级新生接受父母赠送的第一份入学礼物

养
习
篇

"师者，所以传道受业解惑也。""师道既尊，学风自善。"尊师重道一直都是中华民族的传统美德。在家长和孩子们热烈的掌声中，一年级12位班主任闪亮登台，他们依次对孩子们提出了殷切的希望。韩校长郑重地为各班班主任授班牌，可爱的孩子们为老师们送上鲜花。庄重悠扬的古琴曲在会场响起，全体学生首先"正衣冠"，认真整理自己的衣着，接着按照"拱手—高揖—拜—起"四个步骤向全体教师行三拜礼，用行动表达对老师的尊敬与爱戴。

在入学仪式中，一年级的孩子们还聆听了校歌，初步了解了校徽、班牌的寓意以及学校"和美"文化的相关内容。部分没有时间参会的校领导、老师和高年级大哥哥、大姐姐，尤其是一些已考入大学的往届毕业生也通过同期声纷纷对新生的入学表达了真诚的祝福。

最后，在振奋人心的鼓点声中，全体一年级新生在六年级优秀学生代表领读下，右手握拳，拳心向前，举至齐眉处，庄严地宣誓："我是新北关小学学生，我敬我师，我爱我校，我要成为少年君子、阳光学子，争做新北关'和美少年'！"新生中几名代表也上台发言，表达了自己成为小学生的自豪和刻苦学习、奋发向上的决心。

"九层之台，起于累土；千里之行，始于足下。"良好的开端是奠定成功的基础。本次入学礼活动的开展，让一年级的学生学会了感恩父母、尊敬师长，感受到了学校校园文化的精彩和魅力，懂得了学习的重要性，从此开启智慧，发奋读书，慧悦人生。我校全体师生将坚守初心，牢记使命，以崭新的精神面貌，迎接新时代、新挑战，创造新辉煌！

全体班主任参加授牌仪式

我是少先队员了

——入队礼

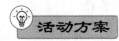

活动目的：

通过师生与家长共同参与入队仪式，让学生了解少先队建队来历，加深对少先队组织的认识，树立规范意识，增强作为一名少先队员的光荣感和责任感；加深学生对红领巾的认识和理解，引导少年儿童争做文明、守纪、进取的学生；培养少先队员和家长们爱家、爱校、爱党的情感，并在活动中教育学生继承革命传统，传承红色基因。

活动时间： 10 月 13 日

活动地点： 学校操场

参加人员： 二年级全体师生及家长、六年级学生和各班班主任、一年级部分提前入队学生和家长、部分音体美教师。

活动形式及内容： 二年级入队仪式，由六年级少先队员为全体二年级学生家长佩戴红领巾，再由全体家长为学生佩戴红领巾。

活动流程：

（一）入场

各班级清点人数，并在班主任老师的带领下，按指定路线有序进场，在指定位置站好。

（二）活动

第一项：出旗。播放出旗曲，请全体立正，少先队员敬队礼，旗手执旗。

第二项：唱《中国少年先锋队队歌》。

养习篇

107

第三项：通过大屏幕一起回顾少先队的光辉历程。

第四项：大队辅导员宣布入队队员名单，并祝贺他们成为光荣的少先队先锋队员。

第五项：授红领巾，奏《红领巾之歌》，六年级少先队员为全体家长佩戴红领巾，敬队礼。家长为自己的孩子佩戴红领巾。二年级全体学生把人生中第一个队礼献给父母。

第六项：互赠礼物。请家长把自己精心准备的礼物送给孩子，并送上自己深深的祝福，孩子回赠父母一个深情的拥抱。

第七项：校长为各中队授旗。六年级14个学生执旗手到对应班级辅导员前，校长授旗，各中队辅导员接旗，队员齐呼中队口号。

第八项：新少先队员代表讲话。

第九项：家长代表讲话。

第十项：大队长带领新少先队员宣誓。

第十一项：校长讲话。

第十二项：老少先队员、老校友同期声。

第十三项：全体队员呼号。大队辅导员领呼号。

第十四项：退旗。

活动要求：

1.全体师生穿戴整洁，教师、学生要严肃庄重，保持良好的精神状态。

2.现场学生要严格遵守活动秩序，保持会场安静，听从活动安排。

前期准备：

1.一面大队队旗，14面中队队旗。

2.家长练习系红领巾，二年级学生练习行少先队队礼。

3.学生会唱《中国少年先锋队队歌》，会做手势舞、会背宣誓语。各班级报少先队员名单。

4.少先队历程资料。

5.新少先队员代表讲话内容，校长讲话内容。

6.班主任提前讲解宣誓动作要领。

7. 操练出旗。

8. 授旗口号操练。

 活动展示

星星火炬代代相传
——党支部书记、校长韩海河致辞

尊敬的各位家长、亲爱的少先队员、各位辅导员们：

今天是中国少年先锋队建队 72 周年。在这个特别的日子里，我们举行二年级 762 学生的隆重入队仪式。首先，我代表学校向全体少先队员们表示最热烈的祝贺！向所有辅导员、学生家长表示衷心的感谢！

党支部书记、校长韩海河致辞

同学们，我们不能忘记，你们胸前佩戴的红领巾是五星红旗的一角，是无数中华儿女用鲜血染红的，红领巾就是少先队员的标志。从你们今天加入少先队这一刻起，就要天天坚持佩戴它！爱惜它！使它成为激励自己奋发向上的标志，促进自己不断进步的动力。同学们，你们生在新中国，长在红旗下，是幸福的！你们的笑脸，是那么灿烂！愿你们在花团锦簇、宽敞明亮、环境宜人的新北关小学校园里，努力学习、刻苦锻炼，学会学习、学会做人、学会合作、学会生存。多为他人着想，多为集体着想，在少先队组织中历练，让胸前佩戴的红领巾更加鲜艳，为我们新北关小学的和谐发展增添光彩。

养习篇

各位辛勤的辅导员，也诚挚地希望你们一如既往，把爱心和热心献给孩子们，把智慧和热情献给红领巾事业，做孩子们快乐学习的良师益友，做孩子们健康成长的引路人！

同学们，你们像一朵朵含苞未放的花朵，又像一棵棵生机勃勃的小树，愿你们在星星火炬旗帜的指引下，在阳光普照的新北关小学校园里茁壮成长，美丽绽放！希望同学们积极行动起来，争当热爱祖国、理想远大的好少年！争当勤奋学习、追求上进的好少年！争当品德优良、团结友爱的好少年！争当体魄强健、活泼开朗的好少年！

最后，让我们一起把美好的祝福和良好的祝愿送给入队的二年级同学们。同时也祝各位家长、各位老师，身心愉快，万事如意！

做一名优秀的少先队员

——新少先队员王烨彤发言

敬爱的老师、亲爱的同学们：

大家好！我是二年级（11）班的王烨彤。今天我的心情特别激动，因为我成为一名光荣的少先队员了，而且能够代表新队员发言，我感到无比光荣。很久以来，我心中就有一个梦想，盼望着有一天能戴上红领巾，在鲜艳的队旗下庄严宣誓。今天我的愿望终于实现了。

身为新一代的少先队员，我们感到无比幸福。在享受幸福的同时，我们更肩负着重任。老师告诉我们，红领巾是国旗的一角，是革命烈士用鲜血染成的，它代表了祖国对我们的期望。

从今天起，我们会用少先队员的标准来衡量自己，树立远大理想，努力学习，乐观自信，遵纪守法，每时每刻牢记自己是一名光荣的少先队员，长大后成为建设祖国的有用人才。从今天起，我们将在红领巾的陪伴下认真学习，快乐成长。

我代表全体新队员向老师保证：我们会珍惜红领巾，爱护红领巾，从点滴小事做起，比如：课间不追逐打闹，不做危险性游戏，不乱扔垃圾，见到垃圾主动捡起，见到师长主动问好，认真学习各门功课，按时完成家庭作业，等等。我们要热爱学习，热爱劳动，关心集体，团结同学，在学校做个好学

新少先队员发言

生，在家里做个好孩子，努力争做一名优秀的少先队员，为班级和学校争光！

谢谢大家！

让胸前的红领巾更加鲜艳

——二级部孙亦晗家长发言

尊敬的各位老师、各位家长，亲爱的同学们：

下午好！我是二年级孙亦晗同学的妈妈。今天我非常高兴作为家长代表发言并参加孩子们的入队仪式，亲眼见证孩子们成长中的重要环节。此时，我的心情和所有家长一样非常激动，因为我将和孩子们一起度过这振奋人心的时刻！今天，是个令人难忘的日子，是个庄严而特殊的日子。我真真切切地感受到，孩子们长大了，不再是离不开爸爸妈妈的小朋友了，他们已经是小学生了，是光荣的少先队员了。

孩子们更加独立自主，形成了良好的学习生活习惯，培养了高尚的道德情操，积极上进，健康开朗，尊敬长辈，待人有礼，富有爱心，信守承诺。事实上，孩子们每一点儿微小的进步，都饱含着老师们的心血！借此

养
习
篇

111

和美德育

家长代表在致言

机会，请允许我向学校、向老师，表达最诚挚的谢意！感谢学校给孩子们创造了一个美好的环境，营造了良好的学习生活氛围；感谢老师们悉心教导，让孩子们健康成长！相信这也是所有家长共同的心声。作为家长，我们一定会全力配合学校和老师的工作，让孩子们在老师的培育下，在学校的教育下，更加茁壮成长。

在这里，还要祝贺所有今天入队的同学，祝贺你们拥有了"少先队员"这个光荣的称号。我想从今天开始，你们一定会在学习的时候更加认真，在遇到困难的时候更加努力，在班级里更加关心老师，关心同学，在生活中更加积极快乐，懂事感恩，让自己成为国家栋梁之材，让胸前的红领巾更加鲜艳！爸爸妈妈期待着你们像花朵一样尽情开放，像雄鹰一样自由翱翔！孩子们，为了老师、父母的期望，为了你们美好的未来，为了创造祖国美好的明天，努力奋斗吧！

谢谢学校的领导和老师给我这次重温小时候记忆的机会。我希望孩子们入队以后能够努力学习，立志报效祖国，让学校因你们而焕发光彩！

无愧这神圣的称号
——少先队辅导员冯丽云感想

2021年10月13日是一个令人难忘的日子，我们二年级的孩子们入队了。活动前的每次彩排、学说入队誓词、行队礼、唱《中国少年先锋队队歌》，孩子们都非常专注认真。我告诉孩子们，你们以后就是小雏鹰了，要好好学习，长大成为翱翔展翅的雄鹰。

10月13日早上6点30分，孩子们排着整齐的队伍，在家长的陪同下，绽放着自信的笑容步入操场，迎接入队这一神圣时刻。操场上的每一个人都很激动。特别是宣誓的时候，看着孩子们一个个认真严肃的表情，我的心情真是无法用语言来表达。

最令我感动的是，我们班那个可爱的小女孩代表少先队员发言，听着她那还没有脱去稚气的童音，不知怎的，我的眼眶湿润了。这么多年过去了，好多事物都已经失去了光华，唯有红领巾在大家心里的地位一点儿都没变，还是那么至高无上。

我是幸运的，也是幸福的。当我作为辅导员从校长手里接过队旗的那一刻，我心里无比激动，好似一副重担加在了我的肩上。当少先队员亲自为我系上鲜艳的红领巾的时候，我的脸上和孩子们一样充满了幸福和自豪！

是啊！教学生涯中能有几个6年？我也许不会再有这样的机会。

愿胸前的红领巾能时刻激励孩子们取得一个又一个进步；愿孩子们能用自己的实际行动，证明自己无愧于"少先队员"这个神圣的称号；愿在红领巾的引领下，他们成为展翅高飞的雄鹰！

沿革命足迹 做好接班人
——新北关小学牛程辉入队感想

今天，我光荣地加入少先队，戴上了鲜艳的红领巾。我心情无比激动，因为从今天起，我就是光荣的少先队员了！

我们今天能入队，非常感谢老师们的辛勤培养。我代表今天入队的全体同学，给老师们敬礼了！

成为一名合格的少年队员，我很高兴。请老师们放心，我们入队后，一定会更加努力，好好学习，天天向上，快乐学习，健康成长。我们一定做到尊敬教师和家长，讲究社会公德，遵守学校纪律，刻苦学习科学文化知识，做一名学习好、品德好、讲文明、懂礼貌的好学生，做到德智体全面发展。

红领巾，是五星红旗的一角，是用无数革命先烈的鲜血染成的。我们一定会沿着革命先烈的足迹前进，听党的话，做党的好孩子，爱祖国、爱人民、爱学习、爱劳动，做一名合格的共产主义事业接班人。

活动总结

2021年10月13日新北关小学二级部全体师生和家长朋友们，与六年级的老师和762名少先队员一起举行庄严的新少先队员入队仪式。

此次活动旨在让学生了解少先队建队来历，加深对少先队组织的认识，树立规范意识，增强作为一名少先队员的光荣感和责任感；加深学生对红领巾的认识和理解；引导少年儿童争做文明、守纪、进取的学生；培养少先队员和家长们爱家、爱校、爱党的情感。

早晨7点，全体学生及其家长整齐有序入场，准备迎接这一神圣而庄严的时刻。

全体师生肃立，护旗手们迈着坚定有力的步伐走向主席台，精神抖擞地进行着庄严的出旗仪式。

伴随着欢快的音乐，孩子们深情地唱响《中国少年先锋队队歌》。

当《中国少年先锋队队歌》响起的那一刻，听到孩子们稚嫩而又整齐嘹亮的歌声时，当看到孩子们一个个幼小而又傲然挺立的身躯，紧握小拳头宣誓时，当看到爸爸妈妈亲手为他们佩戴上红领巾后，他们脸上露出自豪而幸福的笑容时，当看到同学们收到礼物与父母相拥时，我们深深感受到身上责任重大。红领巾包含着理想，象征着希望，传递着友情，书写着进步，不论时代如何变化，小学生对红领巾的期盼和向往是永远不会改变的。

值得一提的是，本次入队仪式没有像以往那样，让六年级老队员直接给一年级新队员佩戴红领巾，而是由老队员先为家长佩戴红领巾，然后再由最亲密、最可敬的爸爸妈妈亲手为自己的孩子戴上这鲜艳的红领巾，让先辈的光荣传统能够传承下来。

　　入队仪式进行到这个环节，家长的脸上呈现出激动严肃的神情。当爸爸妈妈把鲜艳的红领巾系在孩子胸前时，孩子们把自己人生中第一个队礼献给了亲爱的爸爸妈妈。有的家长面带微笑，有的家长已抑制不住自己的情绪，眼中闪现出激动的泪花。我想对于孩子和家长来说，此刻他们都是无比幸福的，因为家长重温了儿时的美好回忆，孩子们找到了自己努力的目标。当然，孩子们的收获更大，因为他们还收到了爸爸妈妈准备的入队礼物和祝福。这次活动让孩子们成长了许多，同时也让他们感受到了人生道路上成长的喜悦。

庄严的出旗、升旗仪式

　　新北关小学自 2009 年建校以来，培养出一批又一批的优秀学子，他们努力拼搏，积极进取，考上了自己理想的大学，也为自己创造了美好的明天。今天，这些优秀学生们通过大屏幕也带来了对新少先队员的期盼和祝福。

　　活动已经结束了，但很多东西是值得深入思考的。整个活动能够顺利进行，更多的是得益于家长的大力支持。如果家长对学校的活动、老师的建议不支持，或者对活动方案某一环节不积极配合，活动的效果也会大打折扣。

家长为新队员系红领巾

　　孩子的教育离不开学校，更离不开父母的关怀与鼓励。我们将更加紧密地联系家长，让家长充分参与到孩子的教育当中，做到家校合一。只有家庭、学校两者相结合，教育才是完整的，让我们的家校合作开出和谐之花！

　　同学们胸前鲜艳无比的红领巾，是他们成长路上的一个分水岭，是对他们幼小心灵的一次洗礼。他们就像一只只羽翼渐丰的雄鹰，终有一天会自由翱翔，拥有自己的一片蓝天。愿同学们能在红领巾的陪伴中学会自立自强，像雄鹰一样磨炼出一对能战胜风雨的翅膀，去搏击那广阔的天空！

自己的事情自己做
——我能行

活动目的：

针对目前许多孩子在生活中"衣来伸手，饭来张口"，家长过度溺爱孩子的现象，同时也为了规范学生的行为，培养学生养成良好的生活习惯，提高自理能力，树立"自己的事情自己做"的自主意识，让学生得到全面和谐的发展，经研究决定，三年级在第二学期举行生活自理能力比赛。

活动对象：全体三年级学生

比赛地点：学校操场

活动形式及内容：穿衣服、穿鞋、系鞋带、系红领巾和整理书包

比赛时间：4月中旬，具体时间另行通知

比赛规则：

1. 各班级根据比赛项目先组织预赛，择优选拔20名选手，男生、女生各10名参加总决赛。

2. 参赛顺序：所有参赛队员同时进行。同类别选手同时参加比赛。

3. 比赛流程：所有参赛队员原地就位，听口令，按"穿衣服—穿鞋—系鞋带—系红领巾—整理书包"的顺序进行。整理完毕后背书包跑到操场蓝色跑道区域，规定时间内到达的为第一轮获胜选手，再参加第二轮比赛。

第二轮比赛，在规定时间内到达主席台前红色跑道的选手，为本次生活自理能力比赛小达人。

养
习
篇

评分要求：

衣服穿好，红领巾系法正确且美观整齐，鞋子的鞋带系好。完成项目所花时间最少，完成质量最好的为优胜选手。

评分标准：

1. 速度分。按用时多少分别得：10分、9.7分、9.3分、9分。

2. 质量分。根据完成的质量由评委酌情给分，满分10分。

3. 最后得分计算方法。取速度分和质量分的平均分为每人的最终得分。班级各选手的总分为班级得分。

奖项设置：

学生个人奖项生活小达人；将各班"生活小达人"的比赛成绩累计，评出团体一、二、三等奖。

比赛评委及其他工作负责老师：

评委：每班2名教师，班主任奇偶交换；裁判、计时：体育组；统分：音乐组；摄像、照相：政教处。

比赛用品：

1. 书包一个，语文、数学、英语、道德与法治、科学书各1本，2个作业本，1个铅笔盒；需要穿的衣服、鞋；一条红领巾。

2. 请各班级充分做好比赛的宣传和准备工作，布置学生回家练习，全面组织学生参加此次比赛，先由班主任在各班教室进行初选，然后各班主任推荐20名选手参加年级的"生活小达人"评选，参赛名单比赛前三天上交。

 活动展示

"生活自理能力比赛"主持人主持稿

尊敬的各位领导，亲爱的各位家长、同学们：

大家下午好！今天我们在这里欢聚一堂，大家期待已久的生活自理能

力大赛即将开始。我们学校以"养习教育"为载体，将常规活动和特色教育活动有机结合，形成"学校、家庭、社会"三位一体的德育教育体系。为全面提高同学们的生活自理能力，培养同学们自立、自理方面的良好生活习惯，我们特举行了本次比赛。让我们以热烈的掌声欢迎我们的家长朋友入场。请允许我代表新北关小学全体师生对家长的到来表示衷心的感谢以及热烈的欢迎。

第一项：请大家以热烈的掌声欢迎我们三级部 520 名学生为大家带来的腰鼓表演。

第二项：接下来有请我们的副校长刘卫丽为生活自理能力大赛开幕致辞。

第三项：由级部主任申武广发言。

第四项：下面宣布比赛规则。

我们的比赛项目环节有穿衣服，穿鞋子，系红领巾，整理书包。同学们听到口令后马上行动起来。规定时间到，所有比赛者停止活动，获胜者进入第二轮比赛。第二轮比赛的获胜者为我们本次活动的"生活小达人"。请各位家长在比赛过程中不要帮助你们的孩子，给他们一次展示自己的机会，让他们知道自己是最棒的。

这些胜出的同学就是本次生活自理能力比赛的"生活小达人"。大家鼓掌祝贺。

第五项：亲子互动游戏，两人三足比赛。

本项比赛活动规则：20 队最先完成任务者为优胜班级。下面比赛正式开始；两人三足获胜的班级有：310、 302、304、305、301。请同学们有序退场，家长到主席台前。

第六项：《谢谢你》手语操表演。

今天的比赛如此激烈，爸爸妈妈们看见了吗？我们的孩子是非常能干的。同学们，希望今后我们自己的事情自己做，不依赖别人，做个能干勇干的好学生。

◆
养
习
篇

119

时间总是短暂的，一转眼快乐的时光马上就要过去！下面有请我们的家长代表上台发言。

今天我们在这里举行生活自理能力大赛，其实输赢并不是目的，快乐才是最重要的。让我们拉进家校的距离，用欢笑迎接每一天。祝老师们、家长们和同学们身体健康、万事如意！并祝我们生活自理能力大赛取得圆满成功，再见！

自立自强做新时代"生活小达人"
——党支部书记、校长韩海河致辞

各位家长、各位老师、同学们：

大家下午好！经过近几周的紧张训练和准备，2021年新北关小学"小学生生活自理能力大赛"今天顺利开幕啦。在此，我首先代表新北关小学对为竞赛筹备付出辛苦劳动的老师们表示衷心的感谢，对今天到来的家长们和参赛的同学们表示热烈的欢迎。

我们新北关小学以"节庆教育"和"养习教育"为抓手，将常规活动和特色活动有机结合，形成"学校、家庭、社会"三位一体的德育教育体系。其中"节庆教育"通过十二个主题活动，以我国传统节日为基础，引领学生了解中华传统文化，从而进一步弘扬和传承中华民族的传统美德。"养习教育"落实了六个主题：一年级的入学礼；二年级的入队礼；三年级的生活自理能力培养；四年级的乡村实践活动；五年级的远足活动；六年级的毕业礼。通过"节庆教育"和"养习教育"，进一步培养了学生良好的学习习惯、行为习惯和生活习惯，彰显了涉县新北关小学"和乐相伴，美善同行"的良好学风。

今天我们全体三年级师生、家长在这里开展小学生生活自理能力竞赛，这是对涉县新北关小学教育成果的一次大检阅，也是涉县新北关小学广大师生奋发向上、锐意进取精神风貌的一次大展示。在"和美教育"引领下，本次竞赛对落实素质教育，培养学生的核心素养，促进涉县新北关小学教育又好又快的发展，具有十分重要的意义。

希望各位参赛选手充分发挥自己的聪明才智，沉着认真对待每一项赛程，以良好的心态素质和精神风貌赛出风格，赛出水平，取得好成绩。同时也希望工作人员和裁判遵守竞赛规则，坚持公平、公正、公开的原则，确保竞赛顺利进行。

最后预祝本次生活自理能力竞赛取得圆满成功。

勇于拼搏活出人生精彩
——三年级级部主任申武广发言

各位领导、各位家长、各位同学：

大家下午好！春光明媚，风和日丽，客来八方，校园增辉。在三级部全体教师的精心组织和安排下，三级部生活自理能力比赛如期举行。请允许我代表三级部全体教师向到场的领导、家长以及参赛选手表示热烈的欢迎。

针对目前许多孩子在生活中"衣来伸手，饭来张口"，家长过度溺爱孩子的现象，同时也为了规范学生的行为，培养学生养成良好的生活习惯，提高自理能力，树立"自己的事情自己做"的自主意识，让学生得到全面和谐发展，我们特举行了学生生活自理能力比赛。

同学们，此次竞赛一方面可以更好地以赛促学，给同学们提供一个互相学习、展示自我的舞台，在全校再一次掀起勤练生活技能、学好生活本领的良好氛围；另一方面可以以赛促教，促进涉县新北关小学切实加强生活教育和生活技能的教学，全面提高教育教学质量。祝愿同学们赛出风格，塞出水平，取得好成绩。

学会热爱生活吧，保持乐观的心态，做真实的自己，勇于拼搏，活出自己人生的精彩！

养习篇

121

"生活自理能力比赛"班级获奖名单

第一名：310

第二名：302　304　305

第三名：301

"生活自理能力比赛"个人获奖名单

我是生活小达人获奖学生集体合影

301	张誉馨	刘梓怡	吕怡诺
302	高敏丹	段浩阳	李昕阳	李思涵	李玉坤	李瑞祥	李灿阳
303	张　娅	宋彬熙
304	刘昊源	宋思含	白诗蕊	杨冠楠	刘玉帆	张可容	申东煜
305	刘默凡	王熠晨	程梓炯	赵睿婕	李鑫蕊	石浩宇	江旭尧
306	张梦洁	张英豪
307	王锌萌	杨浩泽
308	张睿杰	赵婧琪
309	张　炎	刘晨熙
310	郝云乾	王子鑫	陈嘉鑫	姚程骞	刘邦瑶	李文墨	孙钰瑶
	任诗琪

热爱生活 快乐成长

——家长感言

今天，我很高兴，因为能与这些爱生如子的老师们和含辛茹苦的家长们聚在一起，共同探讨有关培养、教育孩子的问题，真的很开心。来之前，我就在想，来的家长几乎都是"80后"，你们身上一定有许多独特的教育孩子的方法可学习。因为你们年轻，思维方式与我们不同。

自理能力是一个人应该具备的最基本的生活技能，是人类生存最基本的能力。我们的孩子们面对的 21 世纪，充满着各种挑战和竞争，孩子生活自理能力的形成至关重要，对孩子今后的生活也会产生深远的影响。俗话说"望子成龙，望女成凤。"这是我们在座的每位家长的希望，也是自古以来每位做父母的希望。家长们都想方设法使自己的孩子成为最出色的人，但在想方设法中常常会被我们忽略的是孩子能力的培养。

一、不要让成人的呵护，成为孩子自我服务的绊脚石

现在家庭的孩子，绝大多数是独生子女，父母对孩子总是百般呵护，正如这句俗语所说：捧在手里怕摔了，含在嘴里怕化了。家长们宁愿辛苦自己，也不愿让孩子受半点儿累。我认为对孩子能力的培养不一定是呵护，而细心引导，有时胜过你对他的呵护。

二、不要让过分保护，成为孩子自理能力的拦路虎

安全第一，不可否认，孩子的生命安全就是一切。但是如果过度地保护，就会成为孩子的束缚。当孩子自己穿衣服的时候，我们只要一看到孩子自己穿不好，就会迫不及待地说："穿错了，穿反了，别穿了，我来帮你穿。"其实我们不但低估了孩子的能力，而且这种做法不但伤了孩子的自尊心，也大大限制了孩子自理能力的形成和发展，使孩子从小有了一种不良的意识：我什么也不会干，我什么也干不好，有大人帮我就行了，我不需要干这些，这些等到以后再做。因此"衣来伸手，饭来张口"成了现

养
习
篇

123

代家庭里一个普遍现象。

孩子们需要一定的时间和空间才能成长，并在实践中逐步学会应对危险。但是，大人整天对孩子说，这个要小心，那个也要小心，不能做这个，不能做那个。本来，自理能力的形成及成长都是在锻炼中磨炼出来的。在这种百般保护和限制下，孩子怎能有机会锻炼呢？因此，大人的过分保护给孩子自理能力的培养造成了很大的障碍。

那么，应该如何培养孩子的自理意识和能力呢？我认为以下几点是不可忽略的：

首先，我们应让孩子意识到，自己已经长大了，要学会"自己的事情自己做"。

其次，教给孩子生活自理的技巧。要让孩子做到生活自理，必须让其明确生活自理的方法。如，在教孩子学习穿衣扣扣子时，我们可以为他们示范，做得不好时要给予鼓励。我们要让他们自己尝试，慢慢地掌握方法，并且多表扬鼓励他们。这需要我们家长有耐心，不要在孩子做不好时，就急不可待，三下两下干脆自己帮孩子做了，这样势必影响孩子能力的提高。

再次，循序渐进，逐步提高要求。在孩子掌握初步的生活自理技巧之后，要注意提高孩子做事情的速度、质量等。

最后，品尝成功，进一步提高孩子的生活自理能力。当孩子取得点滴进步时，类似"你真棒""你真能干"的话语都会使孩子对自己的能力信心百倍。但当孩子无法达到预期目标时，我们要耐心细致地引导，还可用鼓励性语言，如"你能行的""我相信你会干好的"等，必要时我们还需协助孩子实现成功，以免挫伤孩子积极进取的精神。

总而言之，一种能力的培养不是一朝一夕的事情，我们要有耐心、有恒心。不能今天让孩子学习掌握生活自理能力，明天嫌孩子做得不好或添麻烦；我们要配合学校对孩子进行生活自理能力的培养，经常让孩子参加一些力所能及的劳动和户外活动，让孩子在学习生存的时候首先学会自理，为能更好地适应将来繁杂的社会打好坚实的基础。

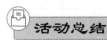

经过大家的共同努力，期待已久的生活自理能力大赛终于成功落下帷幕。学生们精彩的演出、高超的才艺、出色的表现得到了领导、家长和孩子们的一致好评。

为确保活动成功开展，学校对本次活动进行了认真、周密地策划，多次研究，反复酝酿，从节目筹备、比赛活动的组织安排、学生管理等各个方面，研究制订了详细的活动方案，对整个活动开展起到了指导作用。

学校设多个工作小组，各小组有专人负责，明确任务，紧紧围绕"生活自理能力"大比赛这个中心，积极开展工作。各小组成员全力以赴，保证在预定的时间内完成各项任务，为比赛活动做好充分的准备。

参与本次活动得到了广大师生的大力支持，在前期宣传动员阶段，级部负责人和班主任积极宣传，精心安排；学生积极响应，踊跃报名参加。班主任和科任教师本着顾全大局、服从安排的原则，主动让出部分时间为学生练习提供了方便。班主任和科任教师亲自带着学生排练，利用课余时间多次和学生一起排练，花费了不少心血。

在开展此项活动的过程中,涉县新北关小学三级部全体教师上下一心，人人努力。许多学生表现突出，展现出了高超的技能，他们充满活力、充满自信，超出很多人预料。孩子们出色的表现为本次活动增添了光彩，充分发挥了团队的战斗作用，保证了比赛活动如期举行。活动的成功举办，凝聚了全体人员的心血和汗水，是师生团结奋斗、共同努力的结果。

这次活动达到了预期目的，展示了涉县新北关小学素质教育的成果和师生的精神风貌，进一步增强了师生的创造力、凝聚力和团队精神，有力地促进了学生的全面发展，进一步推进了和谐校园建设，激发了广大师生更加热爱学习、热爱生活、热爱祖国的情感。

走进乡村实践活动

——劳动美

活动目的：

引领学生走进乡村，走入田地，亲自实践，零距离接触大自然，了解乡村生活，与乡村小学的学生真诚交友，体会城市与农村生活的不同，让孩子感受幸福生活来之不易，懂得珍惜。同时也以此活动为载体，寓德育于活动之中。

活动时间：

5月11日上午8:30从学校出发，下午4:00返回学校。

活动地点：

关防乡郝赵村"红薯小镇"

参加人员：

四年级全体师生

活动领导小组：

组　长：韩海河

副组长：张淑丽　刘卫丽　杨淑贤

组　员：四级部主任　四级部副主任　各班班主任　科任教师

活动内容及流程：

（一）动员大会

四年级全体师生8:10准时在学校操场以班级为单位集合完毕，班长举班牌，中队长和大队长分别举中队旗、大队旗。8:20副校长张淑丽主持启动仪式，并做动员讲话，授营旗，强调活动注意事项。

（二）跟班教师安排

班级	人数	班主任	科任教师一	科任教师二
401	55	江晓燕	宁翠丽	
402	54	申玲玲	刘慧丽	
403	54	程为晓	王玉丽	程华君
404	55	张丽君	张孟柳	
405	55	张宾丽	程 旗	
406	55	王现苗	申玉娥	
407	55	冯晓霞	王 芳	
408	55	王军锋	赵飞霞	赵奇栋
409	53	肖凤楼	高彦云	
410	55	张 华	江 鑫	
411	55	牛晓波	王利梅	
412	54	郭春叶	冯晓丽	裴孟丽
413	55	刘红叶	孟小芳	
414	54	牛瑞平	任韩梅	
人数：学生 764 人，教师 31 人，共计 795 人。				

（三）日程安排

时间	地点	活动内容	注意事项
8:30	学校门口	安排上车	班主任点好人数，教育学生看好车号，去时坐几号车，回来仍坐几号车。
8:40—10:00	郝赵村村外	参观"红薯秧苗基地"	下车有序排队，听从指挥，参观时认真观看，做好记录，懂礼貌。

养习篇

127

和美德育

时间	地点	活动内容	注意事项
10:30—11:30	郝赵村村口	参与"红薯秧苗"的种植	向村民认真学习栽种技术，教师引导学生有序参与劳动。
11:40—12:00	郝赵村红薯小镇	参观"红薯小镇"中红薯粉条的制作过程	按秩序排队，不大声喧哗，做好记录。
12:00—12:30	村口，以班为单位	就餐	班主任教育学生不要乱跑，不乱扔垃圾，就餐时要学会分享。
12:40—13:30	客车上	休息	班主任组织好，注意安静。
13:40—14:30	郝赵小学	参观学校，与村小的同学做游戏，赠送小礼物	服从老师安排，注意友好交流。
14:40—16:00	返回学校	在车上拉歌	注意乘车安全。

活动成果展示：

1．学生填写"实践活动记录表"，并且写一篇劳动日记，精选其中一篇，配照片，上交级部。

2．级部副主任做好相关文字和图片资料的收集整理，做美篇。

3．班主任老师写一篇活动感言。

活动要求：

1．全体领导和教师均要以高度的责任心对每个学生的安全负责，确保外出活动万无一失。

2．出发前集合队伍，做好安全教育及宣传活动。各班清点实际人数报告级部主任，根据广播指令到操场集合上车。

128

3.组织学生有秩序地上车，教育学生不要拥挤，要礼让。车辆行驶过程中，不在车厢内随意走动，不打闹；不要将头、手伸出车窗外；不要将物品扔出车外。

4.注意车厢卫生，不乱扔垃圾，保持车厢整洁，爱护车厢设施，不损害公物。

5.到达目的地后，一切行动听指挥，不私自脱离集体活动，有情况及时报告老师。

6.遵守基地活动的各项规定，教育学生不要到危险的地方玩耍，班主任和协管老师要加强巡视，分管领导要做好监控，发生事故要采取应急措施。

7.活动结束后要在规定的地点按时集合，清点人数并上报，有秩序地上车。班主任及协管老师跟车回校，待学生离校后，才能离开。

后勤服务：

1.安排客车14—16辆。

2.制作"走进乡村实践活动，新北关小学"校旗和"涉县新北关劳动实践基地"铜牌。

3.赠送给郝赵小学学生的课外读物、书包和文具等学习物品。

4.藿香正气水等药品、矿泉水。

养习篇

附件：

关于组织学生外出参加活动的告家长书

尊敬的家长：

您好！学校定于 2021 年 5 月 11 日组织四年级全体师生参加走进乡村实践活动。地点为涉县关防乡郝赵村"红薯小镇"。为确保活动的顺利开展，请关注如下几点：

1. 提醒孩子 7:30 之前到校，上午 8:30 从学校出发，下午 4:00 返回学校。

2. 请关注天气预报，以舒适的便装、校服、运动鞋为首选，双肩书包要牢固。

3. 建议给孩子准备些水和食物。

4. 做好安全教育，切勿让孩子携带诸如小刀、剪刀等尖锐工具。

5. 不提倡给孩子带照相机、手机等贵重物品。

注意：本次活动遵循自愿原则，孩子有特殊情况不能参加的，请与班主任沟通。如果没有特殊情况，且您支持孩子参加本次集体活动，请您填好回执单，并于 4 月 30 日交给班主任。若出现临时情况不能参加者，请及时联系班主任。

请家长与学生认真阅读并签好下面的回执单交到班主任处。

回 执 单

我是学生（　）的家长，已认真阅读了班主任老师下发的《关于组织学生外出参加活动的告家长书》，对本次活动安排已了解，（　）（同意或不同意）孩子参加此次活动。

家长签名：

2021 年 4 月　日

在"小小旅途大世界"新北关小学走进乡村实践活动启动仪式上韩海河校长将旗帜授予级部主任，同时作动员讲话对学生们提出了殷切希望。希望孩子们发扬艰苦奋斗的精神，不怕苦，不怕累，迎难而上，永不放弃。孩子们脸上洋溢着笑容，期待这次实践活动收获满满。对他们而言，每一次实践的机会都是难得而又宝贵的。只有在不断实践中才能收获成长。

迎难而上 永不放弃
——党支部书记、校长韩海河致辞

各位老师、同学们：

大家好！在初夏暖阳的映照下，在蓝天白云的指引下，在同学们的欢声笑语中，我们将开启此次期盼已久的走进乡村社会实践活动。

校长授乡村实践活动队旗

养习篇

　　"读万卷书，行万里路。"社会实践指引着我们走出校门，走向自然，走进社会……它是一种学习的补充和延长。我们要更好地利用此次社会实践活动，在另外一个讲堂、另外一片天地，增长见识，磨炼意志，充裕经验。

　　在社会实践活动过程中，我们肯定会遇到困难，可是"一根筷子轻轻被折断，十根筷子紧紧抱成团"，只要我们发扬团队精神，我们一定会克服一切困难。

　　我们每个人都是新北关小学这条大河中的一朵浪花，我们每个人代表的都是新北关小学的形象，所以我们应当用严明的组织纪律、良好的精神面貌、文明的行为举止向社会亮出我们新北关小学学子积极阳光的形象。

　　同学们，最顽强的植物长在荒漠里，最强壮的雄鹰生在悬崖边，最伟大的研究和发现，则往往诞生于千难万险之中。还是那句老话：我们要发扬艰苦奋斗的精神，不怕苦，不怕累，迎难而上，永不放弃。

　　最后，预祝本次活动顺利进行，圆满成功！

实践体验

技术员在给学生讲解红薯栽植方法

　　四级部来到关防乡郝赵村"红薯小镇"，走进红薯培植基地开展实践体验活动。在技术人员和老师的讲解和指导下，学生们认真观察学习栽红薯的方法，并亲自动手实践。看着正在学习栽培技术的孩子，他们不怕脏、不怕累的精神感染着我们每一个人。看着一棵棵红薯苗在自己的努力下栽种在土地里，孩子们脸上露出了幸福的笑容。"一粥一饭，当思来处之不易；半丝半缕，恒念物力维艰。"给桃园除草，让孩子们更加深刻理解劳动的含义：累并快乐着！

"手拉手"献爱心

带着一份爱心和关心，涉县新北关小学学生代表为郝赵小学学生送来了课外读物、学习用具等，希望通过这样的活动架起我们心的桥梁，播下我们爱的种子。

为郝赵小学赠送课外读物、学习用品等

愿这次"手拉手"活动为每一个小伙伴带来新的希望，使他们共同进步，共同拼搏。

"读万卷书，行万里路。"此次活动以一种全新的形式，拓宽视野，丰富知识，提升学生的创新精神和实践能力，成为全面落实素质教育一门劳动实践课程。人生就像一场旅行，由无法预知的大大小小的旅行组成，

养习篇

133

不必在乎目的地，只需在乎行走的每一个脚步，在路上学习，在路上成长。

学生收获

学校开设劳动实践课，目的是锻炼学生的劳动能力，培养学生爱劳动的习惯，加强学生心理素质锻炼。劳动是世界上一切欢乐、一切美好事物的源泉。"小小旅途大世界"这次活动让同学们学到了许多在课堂上学不到的东

学生手抄报作品

西，更重要的是在集体劳动中学会了与他人协同合作及动手能力，掌握了基本的劳动技能，开阔了视野，增长了才干。艰辛知人生，实践长才能。通过这次实践活动，学生们明白了：劳动最光荣，劳动最崇高，劳动最伟大，劳动最美丽。

与郝赵小学全体师生合影留念

134

我体验 我快乐
——"走进乡村"实践活动体验卡

体验者	冯可昕	班级	四(3)班	时间	2021.5.11
体验对象		我快乐 我收获			
郝赵村小学	拉手对象	郝赵村小学学生			
	互换礼物	笔记本 《汤姆·索亚历险记》书			
	我的感受	我很高兴参加这大次"手拉手"活动，今天的内容丰富多彩，在我们每个人的心里撒下快乐的种子。我相信我们的手一定会越拉越紧。			
田间地头	我的发现				
	在这么热的天里，农民伯伯们还不知疲倦地在地里扒干活，边干还边数五厘、十厘、十五厘……有大的在地里锄菜浇水。				
	我的感受				
	在烈日炎炎的天气下，农民伯伯仍然不知疲倦地在地里干活。这让我想到了唐代诗人李绅的《悯农》：锄禾日当午，汗滴禾下土。谁知盘中餐，粒粒皆辛苦。我今后一定要珍惜每一粒粮食，珍惜农民伯伯大的劳动成果。				

养
习
篇

我体验 我快乐
——"走进乡村"实践活动体验卡

体验者	杨诗琪	班级	四(3)班	时间	2021.5.11
体验对象		我快乐 我收获			

	拉手对象	郝赵村小学学生
郝赵村小学	互换礼物	圆珠笔 《海底两万里》书
	我的感受	我很高兴参加这次"手拉手"活动,今天的内容丰富多彩,在我们每个人的心里播下快乐的种子。我相信我们的手一定会越拉越紧。
田间地头	我的发现	
		我发现红薯秧苗的叶子非常绿,还很大,有一点奇特。种红薯要先刨坑再插秧苗,最后浇水,一个红薯就种好了。
	我的感受	
		通过这次活动我体会到了农民伯伯种地的辛苦,真正理解了"锄禾日当午,汗滴禾下土"的含义,今后我一定要珍惜每一粒粮食,珍惜农民伯伯的劳动成果,在空闲的时间帮爷爷奶奶一起劳作。

学生心得

劳动最光荣

人们常说，劳动是伟大的，是光荣的。没有劳动就没有这个丰富多彩的世界。也就是说，只要是劳动，不论是什么劳动，都是光荣伟大的。

5月11日在学校的组织下，我们来到了关防乡郝赵村"红薯小镇"

学生在田间拔草

进行实践劳动。在当地村民的指导下，我们试着自己去栽红薯；先挖个坑，然后浇水，插上秧苗，最后再用土把秧苗根部盖住。原来看似简单的栽红薯，还要经过这么多道工序。

义务劳动是忘我的劳动，既培养了我们关心公共事业的热情和参加义务劳动的光荣感，也塑造了自己美好的心灵。父母对我们的宠爱，使我们对劳动的概念了解肤浅。这次的集体义务劳动，使我们体会到了集体的力量、集体的温暖，也让我亲身体会到了劳动的光荣。老师有意识地组织我们去参加力所能及的义务劳动，让我们对劳动有了更深入的认识，让我们亲身体会到了劳动的艰辛，让我们重视劳动，珍视劳动成果。

作为新时代的一名小学生，通过这次劳动实践，我知道了农民伯伯的辛苦，知道了粮食的来之不易。

◆ 养习篇

406 中队　汤子航

137

我劳动 我快乐

今天，老师带我们去关防乡郝赵村桃园拔草。

我来到桃园，桃树下有很多杂草。我蹲下开始拔草，有的草很容易拔下来，一拔就是一大把；有的草却很难拔出来。为了把草拔出来，我费了九牛二虎之力，由于用力过猛，还坐在了地上。太阳光越来越刺眼，周围也变得热了起来，因为我没戴帽子，所以满头大汗。树下已经堆了很多草了，可地上却还有比那儿更多的草。

这要拔到什么时候啊？不知不觉，时间已经过去好久了，地上的草越来越少，我们拔出来的草越来越多，手套也越来越脏。我太累了，都有点儿不想拔了。一根、两根、三根……我一直咬牙坚持着。终于可以去休息了，我站起来一看我们竟然拔了那么多，突然觉得好骄傲啊！

经过这次劳动，我懂得了劳动很辛苦，要好好珍惜劳动成果，更不能浪费粮食，因为它们是无数农民伯伯用辛苦换来的。不管寒冷还是炎热，他们都要去地里干活，给庄稼浇水、施肥、拔草、捉虫，很不容易。

我劳动，我光荣！我劳动，我快乐！

410 中队　李宇彤

教师感悟

欣赏田园之美　感悟劳作之辛

暮春五月，花开的季节，感恩的季节，劳动的季节。田野里繁花似锦，绿荫如海，一切都显得那么热情洋溢，生机盎然。为了引领学生走近乡村，走下田地，亲自实践，零距离接触自然，了解乡村生活，与村里的小学生真诚交友，体会城市与农村生活的不同，让孩子懂得珍惜，感受幸福生活来之不易，打破学科界限，实现学科融合，涉县新北关小学在 5 月 11 日组织四年级 758 名师生乘坐 16 辆客车前往关防乡郝赵村"红薯小镇"，开展"小小旅途大世界"乡村实践活动。

安全问题是活动顺利进行的基本前提。活动前，学校领导亲自实地考察，多次商讨方案，关防乡领导、郝赵村委领导和交巡警领导的大力支持，为活动的顺利开展保驾护航。班主任老师在出发前强调了组织纪律，提醒学生做好外出的各项准备工作，切实注意安全。科任老师分到各班，协助班主任老师开展活动。

本次活动内容具有针对性、教育性、实践性，活动形式从实际出发，因地制宜，学生通过参观、学习、劳作等亲身体验，体验了乡村田园生活的美好和劳动的不易。

孩子们参观了"红薯秧苗种植基地"，详细了解栽种红薯秧苗的技术，并与村民一起拔草、刨坑、浇水、插秧。部分班级师生到果园拔草。烈日炎炎，孩子们汗流浃背，但依然坚持完成了劳动任务。

孩子们来到郝赵村小学与当地学生开展"手拉手"活动，和他们一起学习韵律操，还给这里的孩子们送上足球、笔、书等礼物。

通过这次活动，孩子们收获了喜悦，收获了劳动技能，收获了感动，收获了彼此深厚的友情。他们懂得了不能只做象牙塔里不受风吹雨打的花朵，不能只做年少轻狂、一心只读圣贤书的"好好学生"，而要在实践劳动中增长见识，培养能力，经受磨炼，这样将来才能更好地为社会服务，成为有用的人。相信这次经历会让孩子们永生难忘，不断回味。

教师　申玲玲

养习篇

幼苗成长更需要阳光

最美人间四月天，经过各位领导和老师们的共同努力，我们迎来了期盼已久的走进乡村实践活动。当看到孩子们听到这一消息时的欢呼雀跃，顿感孩子们对实践活动的渴望。孩子们纷纷准备出行必备品。

周二一大早，孩子们已提前来到学校站队，个个精神抖擞，容光焕发，对旅途充满了渴望。从校长授予级部主任少先队队旗的那一刻起，我顿感此时身上的责任重大，使命如山，心里暗暗发誓，一定要带好自己的部队，一定要让孩子们抓住此次走进乡村实践活动的契机，真正从这次活动中，学到从课本上学不到的东西。

乘上汽车，孩子们对窗外的美景充满好奇。几个晕车的孩子在车上吐了，孩子们显示出巨大的关爱之心，有的拿纸巾，有的备水，有的安慰，抚慰其受伤的心灵。谁说孩子们没有爱心？谁说孩子们不团结友爱？车上的那一刹那，让我读懂了409的孩子们，他们真的很可爱，真的很有爱心。

来到临近"红薯小镇"的关防乡西安村，我们的任务是除草。孩子们走进桃园，立刻劳动起来。我当即宣布一条禁令：桃树上的果子不准碰掉一个，它们生长一年来之不易，我们应该体会到农民伯伯的辛劳。看到孩子们干劲十足，我也立刻参加进去。部分孩子不认识杂草，不知道草对树木的影响，拔草的过程中，没想到小草生命力如此顽强。现在的孩子们整天坐在教室内，没有走进乡村、走下田间的机会，通过这次活动体会到"乡村四月闲人少，才了蚕桑又插田"的辛劳。

短短一天的走进乡村社会实践活动，孩子们收获满满，我也真正了解到孩子们可爱的内心世界，他们不再是调皮、专搞恶作剧的孩子，他们也有一颗仁爱之心。孩子们真的很需要去实践，"实践出真知"这个真理，我们永远要牢记。以后我们还需给孩子们创造更多的机会，让他们走进乡村，进入田间，让孩子们成为乡村振兴的后备力量。

教师　肖凤楼

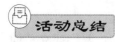 活动总结

五月是一个花开的季节，更是一个播种的季节。为了贯彻落实教体局关于学生参加"三务劳动"活动的精神，培养学生吃苦耐劳的品质。学校

于 5 月 11 日组织四年级 700 多名师生乘坐 16 辆客车前往关防乡郝赵村"红薯小镇"参加实践劳动，引领学生走进田间，学习插红薯秧苗，体验劳动的不易。

学生绘画作品

活动前，技术人员仔细讲解栽红薯苗的各种注意事项，同学们认真学习，跃跃欲试。炎炎的骄阳阻挡不了同学们的劳动热情，他们像模像样地分步压苗、浇水、封土，几个人一起合作劳动。虽然脸上全是汗水，手上磨出了水泡，但心里却满是劳动的喜悦。我们的播种，播下的是殷切的希望，收获的是我们团结合作的精神。

除此之外，孩子们还参观了红薯秧苗大棚、给桃园进行了除草、与当地的小学进行了"小手拉大手"献爱心的活动。虽然只有短暂的一天时间，但孩子们受益匪浅。

本次活动，孩子们真正走出了校门，走进了农村，拓宽了视野，增长了知识，得到了锻炼，提升了孩子们会劳动、爱劳动、勤劳动的能力，培养了他们团结协作、吃苦耐劳、懂得感恩的优秀品德。他们也更加体会到了农民伯伯的辛苦，深刻体会到了粮食的来之不易。

不可否认，这样的劳动实践活动，是大胆的、有益的尝试。它不仅极大地丰富了涉县新北关小学课程资源和校园文化生活，更是对解读新课程、新理念的一种积极的回应。

一路收获 一路歌

——家乡美

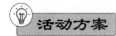

活动目的：

千里之行，始于足下。担当天下的情怀从磨炼意志开始，搏击人生的旅程从脚踏实地开始。为了增强学生体质，强化学生集体意识、劳动意识、纪律观念，培养学生坚韧不拔的意志品质和耐挫能力、吃苦精神，树立亲近自然、热爱家乡的情感和保护环境的意识，根据学校计划，开展主题为"一路收获 一路歌"远足活动。

领导小组：

组　　长：政教副校长

副组长：政教处主任、级部主任

组　　员：各班班主任、科任教师及体育组教师

参加人员：五年级全体师生

活动时间： 5月21日上午8:30从学校出发，下午4:30返校

活动地点： 太行红河谷

活动路线：

新北关小学—将军大道—胜利桥——二九师司令部陈列馆—将军岭，活动结束后原路返回。

活动内容及流程：

1. 上午8:00，学生在教室集合，班主任进行安全教育，清点人数。

2. 上午8:10，五年级全体学生在操场上按中队顺序集合，配发中队旗，

党支部书记、校长韩海河做动员讲话，授"一路收获 一路歌"远足活动体验营营旗。各中队检查队旗等是否准备齐全。

3. 8:30 按照中队顺序，一班在前，其他班级依序顺延，每班站成四路纵队，沿预定路线向目的地进发。行进途中，中队辅导员及带队教师严格要求各班学生，组织好行进队伍，开展中队拉歌、诗朗诵等活动。歌曲可以是队歌、校歌、红歌等，诗歌可以是经典诗篇、必背篇目等，也可以以快板形式进行宣传。

4. 约 9:30 到达胜利桥，感受玻璃栈道带给我们的惊险和刺激；带队教师组织学生拍照，捕捉活动中的精彩瞬间。

5. 10:30 队伍到达一二九师陈列馆，有序组织学生参观，引领学生走近那段革命历史，感受一二九师战士们的英勇顽强，让孩子们明白今天幸福生活的来之不易。

6. 11:30 到达将军岭，组织学生参观，记录将军生平等资料，给将军扫墓，敬献花圈，宣誓。自由活动期间，带队教师要教育学生保护环境，不乱扔垃圾，并担任摄影师，拍下学生集体照，留下宝贵的回忆。随后学生集体休息，自助就餐。

7. 下午 2:30，开始整队徒步返回。带队教师注意学生纪律，继续开展中队拉歌赛，鼓舞士气，坚持走回学校。

8. 下午 4:30，进入校园，按照集会队形站好，由学校领导进行活动总结，按时放学。

活动准备：

1. 活动前到远足沿线和目的地进行实地考察，确定活动路线，分析沿途是否有安全隐患。

2. 班主任要提前向家长发放《关于组织学生外出参加活动的告家长书》，通知家长根据孩子自身情况自愿选择是否参加，并做好相关准备。

3. 安全防范：班主任召开安全主题班会，开展安全教育，学习安全预案，增强学生的安全应急能力。

4. 要求学生统一穿校服，佩戴红领巾，穿运动鞋，自备背包,饮用水等。

养习篇

5.学生分组：班主任指导学生分组和分工，一般每小组6—8人为宜，由组长协助老师管理。

6.学校安排每个班级两名带队人员，研究活动计划，进行职责分工。

7.确定活动所需的后勤保障车辆，准备对讲机及喇叭。

注意事项：

听从指挥，牢记安全第一；不带过多的现金和贵重物品，要保管好自己随身携带的物品；穿校服和运动鞋，携带物品最好用双肩背包；行进途中，如有同学身体出现不适，要在第一时间汇报班主任或带队教师；同学之间要团结友爱，互相帮助，学会宽容和谅解，不与人发生争执；活动过程中不可擅自脱队、单独离队，有事离开必须征得班主任、带队教师的同意，以免发生意外；活动期间，要谨记集合时间、地点、带队教师姓名及其电话号码。一旦脱离团队，不要慌张，可采用多种方式归队：可想办法给领队教师打电话；可在集合地点等候同学返回寻找；可找同校老师报告情况；可找公共场所工作人员帮助；文明出行，不随地乱扔垃圾，不破坏花草树木，为学校和个人树立良好的社会形象。

研学之旅

附件：

关于组织学生外出参加活动的告家长书

尊敬的家长：

您好！学校定于5月21日组织五年级全体师生参加"一路收获 一路歌"远足活动，行程路线是新北关小学—将军大道—胜利桥—一二九师陈列馆—将军岭—红河谷，为确保活动的顺利开展，请关注以下内容：

1. 提醒学生早上8:00前到校，本次活动大约下午4:30结束，返回学校。

2. 请关注天气预报，给孩子穿适度的衣服，既要保暖又不宜过多，以校服、运动鞋为首选。

3. 建议给孩子准备适量水、食品。

4. 做好安全教育，切勿让孩子携带小刀、剪刀等尖锐的工具。

5. 不提倡给孩子带照相机、手机等贵重物品。

本次活动遵循自愿原则，孩子有特殊情况不能参加的，请与班主任沟通；如果没有特殊情况，请支持孩子参加本次集体活动，填好回执单，并于5月20日交给班主任，如果临时出现变更请及时联系班主任。

请家长与学生认真阅读并签好下面的回执单交给班主任。

回 执 单

我已认真阅读了班主任老师下发的《关于组织学生外出参加活动的告家长书》，对本次活动安排已经了解，作为家长（①同意②不同意）孩子参加此次活动。

家长签字：_____ 联系电话：_____

年　月　日

养习篇

评选条件

类　别	条　件
爱心星	在远足路上能够主动帮助同学，为同学排忧解难，表现突出。
挑战星	身体素质相对较差的同学能够敢于向自己的弱点挑战，敢于超越自我。
组织星	能把本班同学从出发到返校整个活动过程组织得井井有条的同学。
宣传星	到达目的地后，能够主动为同学表演节目活跃气氛的同学。
才艺星	在远足回来的路上，能为同学鼓劲，带领同学喊口号、拉歌等的同学。
环保星	主动清理垃圾、收集垃圾，并把垃圾送到指定位置的同学。
负重星	在远足的路上能主动为其他同学负重前行的同学。

口号集锦

班　级	口　号
501	齐心协力，牛气冲天无限风采，始于足下
502	张开生命的翅膀，打造生命辉煌
503	同舟共济，劈浪向前
504	挥动激情，放飞梦想认真做事，精益求精
505	播种希望，收获成功
506	互帮互助，团结友爱用勤劳坚持，换春华秋实
507	追梦扬威，奋勇争先
508	天道酬勤，健康快乐
509	斗志激昂，勇攀高峰
510	努力奋斗，勇敢争先
511	超越梦想，成就未来
512	顽强毅力，展现自我心志要坚，砥砺前行
513	人若立志，万夫莫敌脚踏实地，矢志不移
514	顽强拼搏，超越自我，丰硕自我，自信人生
515	激情飞扬，超越梦想，挑战自我，创造辉煌

脚步丈量距离　意志谱写辉煌

——党支部书记、校长韩海河致辞

五级部全体师生：

　　大家好！

　　"千里之行，始于足下。"担当天下的情怀必须从磨炼意志开始，搏击人生的旅程必须从脚踏实地开始。今天我们五级部全体师生将进行"一路收获　一路歌"走进一二九师研学旅行远足活动。我们的远足活动就是为了培

校长授旗

养我们坚韧不拔的意志，百折不挠的精神，团结友爱的情怀，艰苦奋斗的作风。本次远足活动意义重大，为做好本次远足活动，我特别强调以下注意事项：

　　1. 全体学生要注意人身安全，行走过程当中要注意队形，不可随意奔跑，以免出现意外。

　　2. 本次远足是为了树立和宣传涉县新北关小学良好形象，全体师生都要自觉维护涉县新北关小学形象，行走时不能出现松垮的现象。

　　3. 发扬班级团结向上的精神，不抛弃，不放弃，互相帮助。

　　用脚步丈量坚韧的距离，用意志谱写青春的辉煌。今天，让我们怀着豪情与梦想，伴着自信与坚韧，绽放生命之光芒。让我们每一位同学都对自己说：我行，我能行，我一定行。

养习篇

最后预祝本次活动取得圆满成功，谢谢大家！

学生心得

逐梦远足

"流血，流汗，不流泪！"

在振奋人心的口号声中，我们的大队长严肃地接过校长手中的营旗，远足活动正式起程。四列纵队整齐排列，十五面红旗随风飘扬。第一次远足，是对我们小学生最大的考验。

起初并没有尝试过远足，也不知道远足是什么概念，现在回想，那种滋味，永生难忘。

从学校出发，不知不觉步行了三个小时，爬到了将军岭上。大家渐渐体力不支，轻快的步伐变得沉重，阳光也越发刺眼，空气中流动着烦躁，路越来越长。

此时各班的口号像是一股清泉，带来一丝希望。因为口号，同学们心中多了一份坚定。

给自己一个目标，让生命为它燃烧！

虽然前方路漫漫，虽然脚似踩在针尖上一般酸麻，虽然腿像灌了铅一般沉重，但我的心中有个坚强的信念：我，不能停下来，不能放弃！

逐梦路上又何尝不是如此，一生为了一个梦想、一个信念、一个目标而奋斗。"修养的花儿在寂静中开过去了，成功的果子便要在光明里结实。"人的一生都是努力的过程，这个过程虽然是寂寞的、痛苦的、艰难的……但是，不经历风雨，怎能见彩虹？又或是凭什么见彩虹？过程与结果同样重要，只有让过程完美，才能让结果无悔……

远足，逐梦，不放弃，无遗憾。这一天，我们用汗水书写青春书笺，寄给未来的自己。远足，真好！

501 中队　李子怡

远足真美好

"一班一班，团结协作，志存高远，勇争第一！"喊着响亮的口号，富有青春活力的我们出发了。怀着满腔的激情，迎着清风，我们一个个昂头挺胸，快步前进着。我们深知，坚持一定会很酷。

学生们行走在革命圣地将军岭上

这次远足活动是我们上学以来第一次远足活动，所以我们都带着必胜的决心，互相诉说着自己想达到的目标。我们发现，其实远足并没有我们想象得那么可怕。

远处充满生机的青山像是在迎接我们的到来，天上叽叽喳喳的麻雀好像在夸奖我们坚强的意志。路边沁人心脾的野花丛中，小蜜蜂和蝴蝶飞来飞去。经过赤水湾的大桥时，我看到天空中飞着一只不知名的鸟儿，时而盘旋漳河水上，时而俯冲水面，自由、苍劲、进步，就像我们一样，一直努力着。穿越在美好的景色中，我的脚步变得无比轻松。大自然真美好！

远足真美好！

经过一天的长途跋涉，我感觉全身疲惫，腿脚剧烈酸痛，连说话的力气都没有了。但是，没有今天的远足，又怎会有那么多美好的收获呢？

501 中队　申子鑫

养习篇

149

口号的力量

学校组织的远足活动，目的地是徒步登将军岭，来回二十多公里。上山的路很难走，一路上我们高喊口号，充满昂扬的斗志，奋勇前行。

下山时比上山轻松了许多，但堆积了许久的疲倦并没有因为短暂的休息而消散，反而随之变本加厉，腿似乎早已不是自己的了，只觉得像是装了什么程序，机械地走动罢了。

随着后面班级的口号断断续续地传来，我们班同学们像被什么点燃了似的，也兴奋起来，随后爆发出了洪亮的口号声。口号声此起彼伏，仿佛各班较上了劲。沉闷的气氛瞬间被热烈的口号声驱赶殆尽。每个人眼中有了不一样的神采，那是少年应有的活力。我们尽情地喊着口号，那激励人的声音似乎能在阳光下，被风儿捎带给山下每一处地方，每一棵花草树木，每一个人。

我虽然双腿疼痛难忍，但身旁同学紧拉双手，耳畔是洪亮而又振奋人心的口号，我毅然坚持了下来。

二十多公里，五六个小时，我们终于走回了学校。没有人停下，即使那些一路喊疼、喊累的同学，也没有说放弃就放弃，正是由于那给人以无穷力量的口号。这坚定有力的口号，喊出的是不屈与奋斗。远足让我明白：遇到困难与挫折，都要坚持走一步，再走一步，只要不停止前进的步伐，必定能抵达我们所要到达的地方。

502 中队　王笑言

传承红色基因 从你从我做起

如果我们没有抱负、没有理想会怎样？会被社会抛弃，信念会坍塌，只为一己私利，不图报效国家，不图服务人民，贪图安逸，不思进取……现在有些人不正是这样吗？就拿我们小学生来说吧，有的人喜欢攀比、好吃懒做、盲目追星、无心向学、任性妄为，这样的少年，怎能扛起中国的未来呢？如果大家只贪图安逸，不维护祖国和人民的利益，如何实现我们的强国梦？因此，红色基因必须传承下去，决不能让这种基因在我们的身体里消失。

五级部师生徒步行走

那么，为了传承这种基因，我们该怎么做呢？我们要在学校里继承红色基因！入学五年来，每学期的开学典礼，学校都会对我们进行革命传统教育；每逢儿童节即将到来之际，学校就请老红军爷爷来校作报告。他们以亲身经历讲述了一个又一个革命故事，让同学们深受感染；每星期的班会课上，老师都会给我们讲一个革命故事。前不久，学校还组织我们五年级举行了一次远足活动，从学校步行走到将军岭，再原路返回。

梁启超先生曾说："故今日之责任，不在他人，而全在我少年。少年智则国智，少年富则国富，少年强则国强……"一路上，虽然大家非常劳累，衣服全被汗水浸湿了，但同学们的精神依然振奋，队伍依然整齐，口号依然响亮，同学们的脸上写满了坚持、自信与快乐。远足拉练带给我们的不仅仅是胜利的喜悦和自豪，更给我们带来终生难忘的记忆。同时，这次活动还强化了同学们的纪律观念、集体观念，培养了团结协作精神。远足拉练的收获几乎可以成为我们受用一生的精神财富。

感恩我的学校，五年来，我成长进步得比较快，表现突出，成绩优良，年年都被评为三好学生。今后我一定更加努力，牢记少先队员的光荣使命，做传承红色基因的少年先锋！

503 中队　陈麒麟

养习篇

昨日少年 今日未来

回首硝烟弥漫、战火纷飞的年代，仁人志士用他们的鲜血染红了祖国大地，维护了我们的民族尊严，换来了我们今天的幸福生活。他们那不屈不挠、奋发进取、视死如归的革命精神时刻激励着我，鞭策着我。"传承红色基因，争做时代新人"，成为我奋斗的目标。

一二九师司令部旧址广场

今天，我们学校举行了"一路收获 一路歌"远足活动。在一二九师司令部旧址，我们再一次聆听抗日战争的残酷历史，我们永远记着可恶的日本侵略者在中国烧杀抢掠的行径。九千将士进涉县，三十万大军出太行，是壮歌，更是老区人民不屈不挠的斗争史。屈辱的历史在人们心中无法磨灭，作为新一代的蓬勃少年，我们必须铭记历史，缅怀先烈，将自己的成长发展投入祖国的建设中去。

今天的远足活动也告诉我们，"生于忧患，死于安乐"。我们生活在和平安定的社会中，但我们不能忘掉落后就要挨打的历史，不能忘记国耻。我们青少年必将国耻铭记心中，以此为动力，奋发图强。

遥想过去，中国人曾经苦难与抗争。前事不忘，后事之师。未来的烛光已经点亮，需要新一代的我们在这光亮下克服前进道路上的困难，开辟出一条光明的道路，在这条路上不断成长，报效祖国。

未来，为了祖国，我将会有所作为。当我的生活中充满着渴望，想去看到未来祖国的美丽，那美妙的事情就会出现：平凡的生活变得非凡。我会努力，传承红色基因，做一名时代新人。

504 中队　陈锦旭

继承先烈遗志　共创美好明天

学校组织我们进行了"一路收获　一路歌"远足拉练。天已经热了，但是也阻挡不了我们去祭奠烈士的步伐。十多公里的远距离，我们虽然很累，却都能坚持下来，因为我们都是红色基因传承人。

登上那层层叠叠的台阶，翘首遥望巍然屹立的纪念塔，塔上那几个金光闪闪、苍劲有力的大字，向我们显示了八路军的英雄本色。我仿佛又回到了那硝烟弥漫的战争年代，看到了战士们在太行山区战场上冲锋陷阵，浴血奋战；在白色恐怖中出生入死；在刑场上大义凛然，宁死不屈。太行大地上，留下万古悲风，祖国人民永远怀念他们。千万英烈以一腔热血染红了共和国的旗帜。

走近纪念塔，凝神谛听，似乎还能听到烈士们轻微的呼吸声。没有先烈们抛头颅洒热血，五星红旗怎能红光四射，骄傲地飘扬在这蔚蓝的天空？我们又怎能站在这鲜艳的国旗下，沐浴着它的光辉？又怎能有我们今天的幸福生活？今天的幸福生活来之不易，我们一定要继承先烈们的遗志，牢记自己是祖国的未来、民族的希望。我们不会辜负党和国家的期望，要努力学习，锻炼身体，德、智、体、美、劳全面发展，长大后为实现中华民族伟大复兴贡献自己的全部力量。

站在烈士墓前，我们心潮起伏，思绪万千。先烈们有的为了民族独立和国家尊严献出了宝贵的生命；有的为了彻底埋葬旧世界，建立社会主义

养习篇

153

新中国而前赴后继，英勇作战，抛头颅洒热血；也有的在和平建设时期，为了祖国的繁荣富强而献出青春和热血。

面对他们，我们怎能不肃然起敬？他们的辉煌业绩，将深深地刻在史册上！他们的英名将与日月同辉，与江河共存！我们敬慕他们，无私奉献的英雄！正是因为有了这些无数的先烈，有了他们的崇高，有了他们的无私，才有了今天的和平稳定，才有了祖国的繁荣昌盛。

我要说：爱祖国也要爱祖国造就的英雄，爱英雄就要爱英雄未竟的事业。同学们，让我们继承先烈的遗志，为家乡的建设、为祖国的繁荣富强而努力学习，共创美好明天！

505 中队　宁梦凡

活动总结

为贯彻涉县教育体育局提出的全面实施素质教育的要求，同时也为了增强学生体质，强化集体意识，培养学生坚韧不拔的意志和吃苦精神，让学生能在旅行的过程中陶冶情操、增长见识、体验不同的自然和人文环境，增强爱国意识，传承红色基因，5月21日新北关小学组织五年级998名师生，开展了"一路收获　一路歌"远足活动，目的地为一二九师司令部旧址，往返二十多公里。

由于事前准备充分，筹备周密，各项活动安排有序，因此本次远足活动取得了圆满成功。现将活动开展情况总结如下：

一、准备情况

5月10日成立活动领导小组，制订活动实施方案及活动安全预案，并上报县教育局。活动前，学校领导多次实地考察，亲自用脚丈量往返路线，精确预估时间，为活动方案、应急预案做了充分准备。5月12日，涉县新北关小学活动领导小组和一二九师研学部工作人员再次进行沟通，并召开带队、配班教师的远足活动专题会议，会议内容主要包括：学生远足路线通报；学生远足活动要求；应急预案通报；学生出发时间通报；班主任、配班教师工作职责等。强调远足活动的意义及安全工作的重要性，班主任要对本班学生进行安全教育、出行注意事项等各项宣传。学校提前发致家长一封信。让家长明确远足活动并不是单纯的徒步，是专题性学习，是课堂知识的延伸。通过同行、同研、同活动、同实践，增强学生自身修养和爱国意识。大部分家长都能认识到位，鼓励支持孩子参加活动。学校要求班主任把意义传达到位，不得强制学生报名，学生参加活动必须秉持自愿原则。经过宣传，各班报名人数均达到100%。

二、活动经过

5月21日早上，全体师生早早地来到校园，他们热情高涨，整装待发。校长韩海河作了重要讲话，并宣布"一路收获 一路歌"研学旅行远足活动正式启动。8:30这支浩浩荡荡的队伍满怀信心地踏上了红色之旅。战旗迎风招展，少年阔步前行！10:30我们来到了一二九师司令部旧址。在一二九师纪念馆雕塑广场前同学们满怀激情，自发排列成100这一伟大数字，向党的100华诞献礼。

中队辅导员和优秀学生代表深情地给同学们讲述了"九千将士进涉县，三十万大军出太行"的英雄传奇。随后，同学们自由参观了一二九师陈列馆和司令部旧址，身临其境感受着一件件革命文物背后的历史故事。在太行颂文化园，副校长张淑丽给同学们讲党史，期待同学们传承红色基因，接过革命薪火，永远跟党走。同学们不仅缅怀了革命先烈，感受到了革命先辈身上的艰苦奋斗、顽强拼搏的革命精神，而且深感幸福生活的来之不易。

在活动中，学生们瞬间成长，涌现出许多感人事迹。有的学生看到同伴累了，就互相鼓励，互相搀扶帮助；有的同学看到路上的垃圾，就随手捡起来，甚至有的同学拎着满满一塑料袋垃圾奔向垃圾桶；有的同学看到交警站在马路中间非常辛苦，于是把自己的零食献给可爱的交警叔叔，礼物虽轻，情谊长长。孩子们，懂得了感恩，学会了感恩。当交警叔叔拒绝后，孩子们又是满脸的崇拜。我们的家长看到孩子们的瞬间成长，也深受感动，

养
习
篇

155

尤其 7 班的一名家长更是有感而发，在休息的时候还给孩子们上了一节生动的忆苦思甜思想课。

三、感想与收获

"一路收获 一路歌"远足活动，让学生们收获很多。活动过程中，一二九师研学部工作人员组织活动细致到位，在活动一开始就通过一场热血沸腾的升旗仪式来点燃学生的热爱家乡的激情和集体荣誉感，涉县新北关小学学生在团队活动中各方面的突出表现也得到了一二九师研学部工作人员的高度评价。通过集体活动，培养了学生集体意识，和团队精神。

通过同行、同吃、同活动、同研学，教师与学生，学生与学生之间的感情变得非常融洽。有的学生看到老师背着物品，抢着帮老师提；有的学生物品丢了，同伴主动帮助寻找。"亲其师，信其道"，相信活动过后，师生关系会更加和谐。

此次活动安全方面做得很成功，带队老师亲自清点学生人数，学生自我保护意识也较强，听从带队老师的安排。远足活动，安全、顺利、圆满，收获颇丰。走出校园，让师生拓展了视野、丰富了知识、了解了社会、亲近了自然；培养了学生的生活技能、集体观念、团队精神；增强了学生的社会责任感、创新精神和实践能力。学生们展现出了一种积极向上、文明有序、互帮互助、永不放弃、勇于探索的精神风貌和优良品质。这不仅仅是一次活动，更是一次特殊的教育与挑战，一次不平凡的体验与成长。

和美少年 扬帆远航

——毕业礼

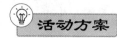

活动方案

活动目的：

通过此项活动，进一步增强学生的爱校情感，使学生充分体会到作为新北关学子的自豪感，同时勉励学生进入新的学校后，不断努力，做到"今天我以新北关为荣，明天新北关以我为荣"。

活动时间： 6 月 25 日

活动地点： 学校操场

参加人员： 学校领导、六年级全体师生、家长

活动准备：

活动现场需搭建舞台，准备鲜花、拱门和主背景。编辑老校友同期声、低年级学生表达祝愿、祝福、精彩花絮的视频、毕业条幅等；优秀学生代表家长代表准备发言稿；诗歌朗诵排练；主持人选拔及主持词的定稿。

活动流程：

第一项：快乐毕业季。全体师生升国旗，唱国歌；感恩家校——全体六年级学生表演《感恩的心》。

第二项：相逢是首歌。播放学生在校生活的精彩花絮；校长颁发"和美少年"徽章和纪念品并致辞，学生上台献花；毕业生感言；家长代表发言；老校友同期声、低年级学生表达祝愿，为六年级学生送祝福；教师代表发言；全体六年级老师上台，学生代表上台献花，教师按学科分别上台。

第三项：带着梦想远航。全体学生朗诵诗歌《告别母校》；宣读毕业誓词；在毕业条幅"带着梦想远航"上签名。

养习篇

新北关小学毕业典礼邀请函

尊敬的家长:

　　您好!

　　时间老人的脚步正在从我们的身边走过,在每天的忙碌之中,孩子们快乐的小学生活就要结束了。六年的光阴在人的一生中很短很短,但对于孩子、您和老师来说,它却意味着天真无忧的童年和甜蜜美好的回忆……

　　2021 年 6 月 25 日,在这个值得纪念的日子里,我们诚邀您参加孩子们的毕业典礼。它将是您孩子人生之旅中非常重要的日子,让我们共同见证这一光辉难忘的时刻,共同为孩子们送上诚挚的祝福! 您的到来,会让这个典礼更加难忘,更加快乐,更加有人生意义!

　　恭请您莅临为盼!

　　顺祝安康!

新北关小学师生敬邀

和美做人 踏实做事

亲爱的同学们、尊敬的老师们：

这是一个光荣的时刻，也是一个庄严而激动的时刻。今天我们聚集在这里——不仅是为了举行一个毕业典礼，也是为了见证你们的成功与智慧，见证你们新的未来的开始。作为校长，我十分高兴与你们一起分享这开心的时

党支部书记、校长韩海河致辞

刻；也为你们的成长与进步而沉浸在巨大的喜悦之中。

首先，我祝贺你们顺利地完成了小学六年的学习任务，祝贺你们就要从一个新的起点开始人生又一段新的征程！同时，我也要向为你们的成长倾注了无数心血的教师们表示深深的敬意。正是他们的言传身教，无私奉献，才使我们共同迎来了这个充满喜悦的丰收季节。在这里，我代表学校领导班子向辛勤耕耘的老师们表示衷心的感谢！

六年光阴弹指一挥间，回首来时的路，你们留下了一串串深深浅浅的足印。你们勤奋苦读，各方面都取得了长足的进步，你们为母校赢得了无数荣光。

同学们，涉县新北关小学秉承"和美育人，多彩发展"的办学理念，确保每一个走出新北关的毕业生，都能和美做人，踏实做事。

我们期待着，期待着你们中间产生造福百姓的政治家、叱咤风云的军

养
习
篇

159

事家、探索奥秘的科学家、搏击商海的实业家；期待着你们成为一个又一个祖国发展的合格建设者和社会主义事业的可靠接班人。

我们期待着，期待着你们成为理想远大、热爱祖国的人，成为追求真理、勇于创新的人，成为品德高尚、健康发展的人，成为视野开阔、胸怀宽广的人，成为幸福生活的人，成为有益于他人的人，成为走向世界的现代中国人。

我们期待着，期待着你们超越先辈，创造伟业，为母校争光。

海阔凭鱼跃，天高任鸟飞。今天，我们扎根在涉县新北关小学这块肥沃的土地上，汲取着这里所拥有的深厚文化底蕴；今后，我们的未来必将在同学们的不懈努力下灿烂而辉煌，母校也将因你而荣耀。我真诚地祝愿你们的生命之舟，在新的岁月港湾里启航，直挂云帆，乘风破浪。祝福你们，也相信你们一定会一路平安，一帆风顺！努力吧，同学们，未来的路就在你们的脚下！努力吧，同学们，一切美好终将展现在你们的眼前。

谢谢大家！

师生情无价　相聚也有缘

尊敬的各位领导、老师，亲爱的家长和同学们：

学生代表发言

大家好！今天阳光明媚，校园显得异常美丽。走在校园的路上，足迹满满，我们的心中涌动着对学校的无限依恋。因为，今天我们即将告别母校，去奋战新的人生里程！

翘首回望，六年的

小学生活依然历历在目，母校里的每一棵树，每一朵花，每一株草，一砖一瓦都是那样熟悉，那样亲切。

这六年的路，我们走得辛苦而快乐；这六年的生活，我们过得充实而美丽；我们流过眼泪，却伴着欢笑；我们踏着坎坷，却嗅得成功之花的香味。六年的岁月，2190个日日夜夜，听起来似乎是那么漫长，而当我们今天面对离别，又觉得它是那么短暂。六年的时光，弹指一挥间，但很多记忆将成为我们生命中最为珍重的收藏。我们一定还记得刚入校时你我所立下的雄心壮志，一定还记得在教室你我孜孜不倦的学习身影，一定还记得回荡在我们耳畔"走过路过不要错过"的热闹书市，一定还记得萦绕在操场、教室的欢笑……太多太多的情景值得我们去回忆。短短的六年，我们学会了分析与思考，学会了丰富与凝练，学会了合作与竞争。我们告别了天真，走向了沉稳；脱去了童年的稚气，获得了自信；抛弃了依赖，学会了选择，懂得了自尊、自立、自强。

同学们，我们就要离开母校了，让我们再看一眼教学大楼，让我们再看一眼茂密的大树，让我们再看一眼校园中的一草一木，让我们再端端正正地向国旗、向母校、向老师敬最后一个少先队礼！

让我们深深铭记我们洁净、舒适的新北关校园，让我们记住传授我们知识、教育我们做人的老师，让我们怀着一颗感恩的心毕业离开。

不久的将来，我们即将奔赴新的学校，继续求学深造，追求自己的理想和人生价值。初中的学习是全新的：门类多，内容深，进度快，学习任务更加繁重，各种竞争更加激烈。临别的时刻，我们的心里有成千上万个不舍得，也有说也说不完的话，但我们总有搏击长空的时刻，小树总有参天的日子，纵有无数舍不得也要分离。

同学们，我们就要离开母校，踏上新的征途。我希望同学们在中学阶段做到热爱学校、尊敬师长、团结同学、勤奋好学、敢于探索、开拓创新、创造辉煌。最后祝愿同学们拥有一个精彩而充实的中学生活！

604 中队　郜言

毕业感言

六年前，在懵懂的年纪，我踏进了校园。

在园林式的校园里，我们可以和清晨斑驳的阳光为舞；我们可以用悦耳的鸟叫伴奏；我们还可以跨越时空，和古今中外的名人们一起交流。在这里，有我们和蔼的老师，亲切的同学和尊敬的校领导。他们像亲人一样，陪伴着我们度过有意义的每一天。

今天，我们就要毕业了。时光容不下我们年少轻狂，我们曾经说过的梦，随着时间的流逝已经褪去了原有的斑斓。现在再次漫步校园，有种说不出不出的伤心与留恋。想想曾经的我，天真烂漫、无忧无虑，转眼六年已过，岁月如梭，我们即将踏上新的征程。

母校是我们人生的起点，是我们梦想的摇篮，我们将要在这里起飞，飞向祖国的蓝天。今天我以母校为荣，明天母校必将以我为傲。

603 中队　曹子墨

毕业感言

也许那隐藏心底许久的心愿，将会被暖人的春风带走；也许那曾经拥有的梦幻，将随着花落的季节悄悄坠落。六年的学习生涯，有泪水，也有欢乐，它给了我们许多美好的回忆。

面临着即将毕业，我们来不及演绎，来不及回首，六年的时光就这样匆匆流走。琴键上留下我们辛勤的泪水，镜子里反射出我们苦练后的微笑，舞台上有我们欢快的节奏。

母校，我们即将飞出你的怀抱，虽有太多的不舍，但我们依然要飞向更广阔的天空，在那里我们才能褪去雏鸟的稚嫩，展翅翱翔。

605 中队　李菲凡

泽流及远　千里思源

尊敬的各位领导、老师、家长朋友，亲爱的同学们：

　　大家上午好！我是六年级 7 班聂珊珊同学的妈妈，非常荣幸能够在这里作为家长代表发言。斗转星移，花开花落，六年的小学生活看似漫长却又是那么短暂！今天，孩子们的小学生活就要在这里画上一个圆满的句号！在我们的孩子即将踏上新的征途之际，我谨代表 2021 届毕业生家长向为了孩子们健康成长献出心血与智慧的领导和老师们致以崇高的敬意和最诚挚的谢意！向圆满地完成小学六年学业的孩子们表示最衷心的祝贺！

　　回首孩子们在新北关小学的六年生活，往事历历在目：六年前，我们的孩子为了共同的梦想从不同的家庭步入新北关小学的校园！作为家长，曾经忐忑，曾经不安，是新北关的老师们用亲切的笑脸打消了我们做家长的顾虑，你们牵过那一双双小手，从此开启了他们人生的新篇章！六年来，每当站在教室外面看到孩子们积极举手，有条不紊地发言，聆听着老师们深入浅出地讲解，我都忍不住驻足旁听，是你们——新北关小学的老师们，在这六年里一步一步指引着孩子们前进的航向，启迪着孩子们的智慧，引领着孩子们在广阔的知识殿堂里遨游！

　　在教育孩子的漫漫长路上，当孩子掉队了，是你们推心置腹地循循善诱，让孩子们明善恶、辨是非，教给孩子们做人的道理；当孩子迷茫时，是你们的金玉良言和细致入微的亲切交谈，潜移默化地培养了孩子不断战胜自我的信心和勇气；当孩子困惑时，第一个走近孩子的仍然是你们，你们用耐心细致的指导，使他们战胜困难，不断前进。多少次，你们极尽耐心地帮助他们从岔道返回！多少个日日夜夜，你们彻夜难眠，轻轻地呵护着这些幼苗，直到他们走上阳光大道！

　　孩子在新北关小学学习的这六年里，作为家长，让我们感到最欣慰的是：我们的孩子从幼稚走向了成熟，他们不仅知道了中华文化的博大精深，

养
习
篇

知道了由点、线到圆的奥秘，知道了 26 个字母的奇妙组合，更难能可贵的是你们让他们懂得了修身之道、立身之本！我们为孩子能进入新北关小学学习而感到无比幸运！

小学六年的生活将成为美好的回忆，如果说这段回忆是一阵微风，那么当微风吹过的时候，孩子们感受到的是幸福，是温馨，是甜蜜。

"此地一为别，孤蓬万里征。"在这人生的重要转折点，感谢新北关小学为孩子们举行的盛大毕业典礼，愿孩子们把握好人生的方向盘，驶向光明、美好的明天！孩子们，不管你们将来飞得有多高多远，你们的本领有多大，都不应该忘记，是新北关小学给了你们成功的种子，是新北关小学给了你们起飞的动力！

最后，我代表全体毕业生家长衷心祝愿在座的同学们都能拥有锦绣的前程与美好的人生；衷心祝福所有的领导和老师，身体健康，家庭幸福，事业兴旺；衷心期盼并坚信：新北关小学人才辈出，新北关小学的明天更加灿烂辉煌！

谢谢大家！

617 中队　聂珊珊妈妈

精彩六年　幸福一生

尊敬的各位领导，亲爱的老师、同学们：

大家好！

今天我们在这里欢聚，为即将走出校园的同学们践行。我谨代表全体老师向圆满完成小学学业的同学们表示诚挚的祝贺，向支持和陪伴孩子的家长们表示热烈的欢迎！

亲爱的同学们，还记得六年前刚入学的样子吗？你们对万事充满好奇，对友谊张开翅膀，小小的肩膀背起大大的行囊，那时候老师知道，这里装满了你们对知识的渴望。六年的时光，两千多个日日夜夜如同白驹过隙，悄然而逝。现在的你们已经是意气风发的和美少年！回首我们朝夕相处的日子，有多少温情的瞬间伴着热泪在我们的脑海中涌现：书香楼每天清晨张开双臂迎接你们匆忙而快乐的脚步；诚信书廊无数次偷偷捕捉了你们畅游书海的身影；凤凰桥从不抱怨，它像一条彩虹，送你们去往艺术和科技的殿堂；展览馆里，你们与革命历史对话：幸福来之不易，我辈一定珍惜；还有立德园，这里的迎春听过你们的悄悄话；树人谷的紫藤在某个夏日里心疼地为你们送上了绿荫；雷锋广场上还回荡着你们铿锵的誓言；孔子讲坛是每个和美班级的缩影；体育场记住了你们的汗水和拼搏；凤凰厅毫不吝啬它的鲜花和掌声，默默记录你们的成长历程！太多的回忆，太多的不舍！你们用自己的方式为母校增光添彩，精彩六年！母校无私地为你们奠基铺路，唯愿你们幸福一生！

此刻，千言万语的祝福，化作两点希望：

第一，希望大家能够在以后的学习和生活中更加勤奋。因为，天道酬勤，一分耕耘才能有一分收获。所有的成绩都离不开"勤奋"二字。唯有脚踏实地、勤奋努力、持之以恒，我们才能走向成功。

第二，希望大家继续保持和发扬母校"和美做人，踏实做事"的精神。

无论走到哪里，无论身处何境，是快乐还是悲伤，是平顺还是坎坷，我们都要不忘初心！

"长风破浪会有时，直挂云帆济沧海。"我衷心地希望大家在以后的学习和生活中，搏击风浪，取得更优异的成绩！新北关小学永远爱你们！

谢谢大家！

六级部教师代表　宇文素红

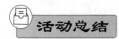 **活动总结**

六月末七月初，是带梦远航的毕业季。我们就要毕业了，心中满是不舍，让我们用最美的毕业礼牵着如诗的梦想去飞翔吧！2021 年 6 月 25 日，

养习篇

新北关小学隆重举行了以"带着梦想远航"为主题的六年级毕业典礼。学校领导、全体六年级师生以及毕业班学生家长共计1900余人参加了这场青春盛宴。

六级部学生向恩师献花

早晨，毕业生及家长手拉着手，迎着朝霞，踏着晨光，穿过寄托了深情与祝福的感恩们，走向了毕业典礼的会场。

伴着嘹亮的国歌声，五星红旗冉冉升起，与天边的朝霞交相辉映。在庄严的升旗仪式中，毕业典礼拉开了序幕。

在本次典礼中，学生们聆听了韩校长的毕业祝词，句句情真意切，感人肺腑；家长、老师、同学们也都纷纷送上最真挚的祝福。"爸爸、妈妈请听我说"这样的一封家书，意义深远，寓意非凡，信中有感恩，有亲情，更有幸福。会场上，学生向家长深深鞠躬，表达感恩；父母含泪拥抱子女，诉说希冀。那一刻，会场上充满了爱与期望，泪与感动。

此外，毕业典礼还安排了手语表演、颁发"和美少年"徽章、向老师献花、签名留念等活动。老师、学生、家长共同度过了一个愉悦而有意义的上午。

毕业典礼季，梦想远航时。此次热烈、庄严而又意义深远的毕业典礼，将会给即将踏上新征程的学子们注入无穷的动力。"和美做人，踏实做事"，愿新北关学子们铭记母校校训，同"和美"做伴，以"踏实"为友；愿新北关学子们，带着梦想，驾驭生命之舟，在新的岁月港湾里启航，一路乘风破浪。

管理篇

首届"和美少年"合影留念 2021.6.18

学校管理是学校发展的不竭动力，学校的所有干部、教职工、学生都是被管理的对象。只用充分尊重他们的主观能动性，发挥潜能，创设能让学生、教师展示的舞台，特别是培养学生自主性和独立性，引导学生形成创造思维，从而促使学生健康成长。

　　管理篇包括四项内容，分别是和美少年、和美教师、和美班级、和美家长四项评选活动。其中"和美少年"和"和美教师"评价活动的开展，既激励了学生勤奋上进，养成良好的道德品质，又激励了教师锐意进取，提升师德修养。"和美班级"评价活动的开展，既调动了全体学生参与班级管理的热情，又增强了学生的集体荣誉感和责任感。"和美级部"评价活动的开展，调动了学校中层领导工作的热情，促使工作快速落实到位，监督到位，反馈及时到位。"和美家长"的评价活动的开展，激励家长携手前行，共育幼苗，促进孩子的健康成长。

　　持续改善，精益革新。未来，学校会持续构建育人理念的新格局，形成团队育人合力，培养学校德育管理队伍，打造更加科学的管理体系。

"和美少年"评选

"和美少年"评价分为感恩少年、阳光少年、文明少年、环保少年、诚信少年、书香少年、才艺少年七大类。根据相关要求和标准，班级每两周一评，级部一学期总评。

类　别	考核项目	评价标准
感恩少年（赤）	了解父母	1. 父母从事什么工作； 2. 父母最喜欢吃的食物； 3. 父母的健康状况； 4. 父母的生日。
	听从父母	1. 要听从父母的教诲，不辜负他们的期望，让父母开心； 2. 经常主动向父母汇报自己在学校的学习和生活情况，回家要主动写作业，不让父母操心； 3. 有心事主动和父母说，经常与父母聊天，碰到一些比较重大的事情，要和父母商量，征求意见； 4. 外出时，在征得父母同意后，应把去向和时间告知父母。
	体贴父母	1. 要体贴父母，力所能及地多分担一些家务劳动（洗衣、做饭、收拾碗筷、整理床铺、打扫卫生等）； 2. 父母身体不适时，应主动照护，多说宽慰话。
	尊敬师长	1. 理解体贴老师，尊重老师的劳动，接受老师的教育，主动向老师问好，虚心听取老师的教诲； 2. 尊敬长辈，积极参加社会敬老、养老、助老的公益活动。

管
理
篇

169

类 别	考核项目	评价标准
阳光少年（橙）	阳光自信	1.活泼开朗，对人宽容大度，不随便发脾气，身边有很多朋友； 2.遇到挫折和失败，不灰心，不气馁，遇到困难努力克服。
	体魄强健	1.上好体育课，认真做好眼保健操和课间操，精神饱满，动作到位，每天体育锻炼不少于一小时； 2.积极参加各项体育活动，并在各项体育比赛或达标测试中成绩优异。
	兴趣广泛	1.有很多的爱好和兴趣，觉得生活是彩色的，每天都有很多你喜欢做的事情； 2.能主动承担班级任务，并能按期完成； 3.具有很强的实践能力。
	助人为乐	1.关心集体，团结同学，热心助人； 2.在"学雷锋活动"等活动中表现突出，与同伴合作顺畅。
文明少年（黄）	遵纪守法	1.遵守国法校纪，自觉礼让排队； 2.不影响课堂纪律，不挑拨是非，不打架斗殴，与同学之间友好相处，避免校园欺凌。
	言行文明	1.待人有礼貌，热情大方，见到老师或客人要主动问好，经常使用"请、您、谢谢"等文明用语； 2.坚持校内外使用普通话，不说脏话，不说粗话； 3.举止大方得体，上下楼梯靠右行，不拥挤，做到慢步轻声； 4.不做危险游戏，珍爱生命； 5.文明绿色上网。
	仪表得体	1.不比吃喝穿戴，着装朴素大方，不穿奇装异服，女生不佩戴首饰，男生不留长发、怪发； 2.在校期间，穿校服佩戴红领巾。
	爱护公物	1.爱护学校的一草一木； 2.不在学校的公共设施上乱涂乱画。

类　别	考核项目	评价标准
环保少年（绿）	个人卫生	穿戴整洁，勤洗澡勤换衣，勤理发勤洗头，勤剪指甲勤洗手。
	保护环境	1.不乱丢果皮纸屑，不随地吐痰及泡泡糖渣，不乱涂墙壁，不乱倒脏物污水； 2.见到纸屑等垃圾能自觉拾起投入垃圾箱； 3.看到有人乱扔乱吐，能上前提醒制止。
	低碳生活	1.在日常生活中，做到节水节电节粮，珍惜纸张，少用、不用一次性制品； 2.垃圾分类投放。
	影响带动	1.学习掌握并宣传环境保护知识； 2.带动或影响同学、家长共同参与环保活动。
诚信少年（青）	诚信自律	1.尊敬师长，听从老师和父母的正确教导，不欺骗老师和父母，做到校内和校外一个样； 2.努力学习，按时认真完成老师布置的作业，不抄袭； 3.独立考试，认真答题，不作弊。
	言而有信	1.不说谎话，勇于承认错误，知错就改； 2.守时守约，答应别人的事要按时完成，做不到的事情不要逞强答应别人。
	拾金不昧	1.不随便拿别人东西，借东西要及时归还，公私分明，公家的东西不能归私人所有； 2.拾到东西要交公，别人的东西不能归自己所有。
书香少年（蓝）	博览群书	读书多、藏书多，并能认真阅读相应年级的课外必读书目、经典名著以及科技、数学、英语等相关书籍。
	阅读习惯	1.读书、写字姿势端正，能自觉读写并起到带头示范作用，能够坚持每天读书至少半小时； 2.能主动为班级整理图书，并能与同伴交换阅读； 3.中高年级坚持写读书笔记，按时高质量完成"三三读写手册"，并能在班级展示自己的读写成果。
才艺少年（紫）	兴趣爱好	积极参加轮滑、书法、绘画、篆刻、舞蹈、足球、科技等社团活动。
	才艺展示	在艺术节、体育节、科技节等才艺展示中取得优异成绩。

管
理
篇

新北关小学"和美少年"评选流程

和和：赤橙黄绿青蓝紫七种颜色的花我都集齐了！

美美：好多同学和我一样，各种颜色的花加在一起都有七朵以上啦！

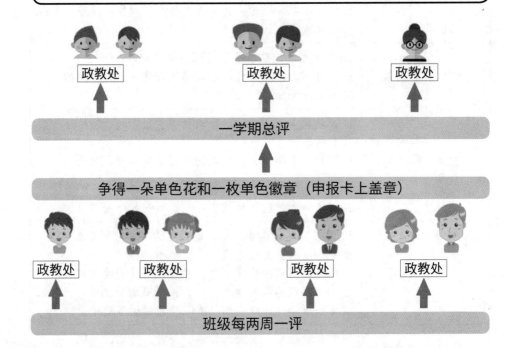

新北关小学"和美少年"申报卡

申报人	杨致航	申报类型	文明少年	中队	203	时间	
申报理由	我平时能做到认真完成作业,不懂就问,文明用语,和谐相处。						
家长评价	孩子在本学期自理自立自强,能与同学文明相处。						
小组长评价（等级）	A		中队辅导员评价	同意			

新北关小学"和美少年"申报卡

申报人	冯宠淼	申报类型	文明少年	中队	203	时间	
申报理由	我性格开朗,活泼大方,对生活充满自信。我热爱劳动,讲究卫生。在班级担任班长和学习组长。						
家长评价	孩子在学习和生活中,端正自己的学习态度,认真完成作业,对生活充满乐观。						
小组长评价（等级）	A		中队辅导员评价	同意			

管理篇

173

"和美少年" 203 中队 第 3 小组评价表

年　月　日

姓名＼等级＼类别	感恩少年（赤）				阳光少年（橙）				文明少年（黄）				环保少年（绿）				诚信少年（青）				书香少年（蓝）				才艺少年（紫）			
	了解父母	听从父母	体贴父母	尊敬师长	阳光自信	体魄强健	兴趣广泛	助人为乐	遵纪守法	言行文明	仪表得体	爱护公物	个人卫生	保护环境	低碳生活	影响带动	诚信自律	言行一致	言而有信	拾金不昧	阅读习惯	博览群书	读书成果	分享交流	运动运动	体育爱好	艺术才能	科技创新
贾文辰					O	V	O	V																				
贺树凯																												
冯宠森									V	V	V																	
韩亦静																												
张李浩									O	V	V	O																
江子辰																									V	V	V	V
贾俊豪																												

新北关小学 203 中队 第 3 小组

姓名	感恩少年（赤）	阳光少年（橙）	文明少年（黄）	环保少年（绿）	诚信少年（青）	书香少年（蓝）	才艺少年（紫）
贾安辰	✿	✿	✿	✿	✿	✿	✿
贺树凯	✿	✿	✿	✿	✿	✿	✿
冯庑霖	✿	✿	✿	✿	✿	✿	✿
韩亦静	✿	✿	✿	✿	✿	✿	✿
张李浩	✿	✿	✿	✿	✿	✿	✿
江子辰	✿	✿	✿	✿	✿	✿	✿
贾俊豪		✿	✿	✿	✿	✿	✿

和美德育

"和美少年" 2o3中队评价表

年 月 日

类别 等级 姓名	感恩少年（赤）				阳光少年（橙）				文明少年（黄）				环保少年（绿）				诚信少年（青）				书香少年（蓝）				才艺少年（紫）			
	了解父母	听从父母	体贴父母	尊敬师长	阳光自信	体魄强健	兴趣广泛	助人为乐	遵纪守法	言行文明	仪表得体	爱护公物	个人卫生	保护环境卫生	低碳生活	影响带动	诚信自律	言行一致	言而有信	拾金不昧	博览群书	阅读习惯	读书成果	分享交流	运动运动	体育爱好	艺术才能	科技创新
杨致航												✓																
冯冠霖											✓																	
赵禾泽																												
刘云棋																												
郝琛琳																												
苑昕玥																												
张泽桐																				✓								
李梓豪																												

176

（文明）少年

姓名（冯嘉琳） 年龄（9）

事迹简介： 我能够尽心尽力，认真完成老师布置的任务，努力做到最好，身为班干部的我，以身作则，严于律己，用心主动物协助老师做好事务。

姓名（杨秋和） 年龄（9）

事迹简介： 我对学习一丝不苟的态度，勤于钻研做的习习的习惯，使我一次次的在上课时做目的对象，上课我认真做笔记。课后及时机问，我会用微笑对待每天。

用辛勤的汗水浇灌明天的花

尊敬的老师、亲爱的同学们：

邰俊薇在练习书法

首先非常感谢老师对我的栽培，也感谢同学们对我提供的帮助。获得"和美少年"的称号，我感到无比荣幸，因为它的背后有我付出的很多努力！"有志者，事竟成，破釜沉舟，百二秦关终属楚；苦心人，天不负，卧薪尝胆，三千越甲可吞吴。"的确，许多优秀的同学正是这样实践他们的梦想的。我在学习中也践行着这种精神，遇到困难总是想办法克服，遇到难题总是百般钻研。对难题的钻研提升了我的学习能力和理解能力，开拓了我的思维，同时让我体会到学习的乐趣。"古之立大事者，不惟有超世之才，亦必有坚忍不拔之志。"正是这份坚韧，这份执着，才有了我今日的荣誉。但是我不能骄傲。俗语说：山外青山楼外楼，强中自有强中手。自己的成功已经属于昨日，明日的成功还需用更多辛勤的汗水去浇灌！

成功是每一个人的梦想，在寻梦的旅程上我们相遇、相识。未来的目标虽然不同，但奋斗是永远不变的真理。"宝剑锋从磨砺出，梅花香自苦寒来。"只要有恒心和毅力，等待傲雪梅花绽放的日子就指日可待了。作为学生，我认为，我们的任务不仅仅是学习，还要保证自己生活充实，不断为生活注入新元素。所以，在课余时间，我坚持锻炼身体，积极参加各种第二课堂活动，比如公益活动、绿化环境争做"环保小卫士"活动、班级文娱宣传，以及各种学科竞赛，这些活动都极大地提高了我的综合素质。对于同学，我友好礼貌；对于师长，我感谢尊重；对于集体，我热心负责。

我相信，团结协作的精神、与人为善的心态、踏实勤奋的态度会为我们的生活加分，在其中得到的锻炼和感悟，也将成为影响我一生的财富。新的生活如枝头的嫩芽蓄势萌发，对于我们来说，未来的每一天都是珍贵的。

我们怀抱着不同的梦想，踏着自己的人生节奏，让自己努力的汗水结成沉甸甸的果实，让自己的人生发光。在此，我要感谢学校，感谢老师，感谢家长，感谢同学，感谢你们与我同在，感谢你们给予我的每一次帮助与支持，每一刻难忘与惊喜！现在，六年级上学期已经过去，六年级下学期已经开始了！我一定会好好学习。

最后，祝全校每一位同学学习进步，在"和美教育"的理念下写下难忘诗篇，为学校、为我们自己谱写骄傲！更祝愿我们六年级毕业班同学取得优异的成绩！谢谢！

602 中队　邰俊薇

"和美少年"让我们长风破浪

尊敬的老师，亲爱的同学们：

大家好！这次能获得"和美少年"的荣誉称号，我倍感荣幸。

首先，感谢各位老师长期以来课内课外的谆谆教导。他们除教授文化知识外还给我们提供展现自我的平台，传授我们许多做人的道理和社会知识，这对我的成长是一笔莫大的财富。在这里，我由衷地想说一句：谢谢你们！

其次，我要感谢父母的辛勤培育与良苦用心，他们在配合好学校家庭合一的联运教学方法外，

赵瑞涵在读课外书

更多的是给我严格的要求、温暖的鼓励，给我提供了一个舒适的家庭学习

环境，化解了我心头的学习压力。

获得这个称号并不意味着学习已经达到了巅峰，一次小小的成功并不代表永远的成功。我认为它蕴含着一个新起点的开始，在以后的学习生活中，我要以 12 分的努力，12 分的汗水，用更好的心态去迎接下一阶段的学习生活。

我们已经成为六年级的学生，学习压力也越来越大。它就像一个鸭梨，我们要学会把鸭梨（压力）放进冰箱里，把它冻成冻梨（动力），"冰箱"就是努力。正所谓："不积跬步，无以至千里；不积小流，无以成江海。"

我们要学会从生活中的一点一滴做起，做生活的有心人。在这里，我要高喊一声："长风破浪会有时，直挂云帆济沧海。"

我的演讲到此结束，谢谢大家！

609 中队　赵瑞涵

安心于怀　无愧于心

李晗伊在自家书屋阅读

我是新北关小学 513 中队的李晗伊。近五年来，在少先队的正确领导下，在学校的先进理念教育下，在老师们的精心教导下，在伙伴们的热情帮助下，在父母无微不至的照顾下，我荣获了"和美少年"及"少先队副大队长"这些称号，我是既兴奋又忐忑。兴奋的是我的工作、学习得到了学校、老师、同学们的认可，忐忑的是我还有许多不足，深感自己不仅肩负着家长的希望，也肩负着学校的希望。回顾几年来的工作、学习，我的感触很多。

培根有言："读书足以怡情，足以傅彩，足以长才。"学习也是如此，因此，我们应以快乐的心态去对待学习。在出色完成学习任务之后，班级、学校的工作，更是一种对自身综合能力的考验。它考验了我们对于工作的态度、统筹能力等。作为班委、校委，对于工作千万不能懈怠，我们所需要完成的工作直接关系到班级以及学校的成长，这也是老师、学校对我们的信任。学校是我们共同的家，我们有义务把它建设得更好！

俗话说：没有伯乐，就没有千里马。我能够取得今天的成绩，与学校领导的重视和学校老师的辛勤培育密不可分，是他们把我从一个懵懂无知的儿童培养成为如今一个有学识、有理想的优秀少年！我们未来的理想应该是做一个有中国灵魂和世界眼光的现代人，我们都是祖国未来的栋梁，因此我们应该努力学习，为祖国作出更大的贡献。

今天，少先队给了我机会；明天，我将会以优异的成绩回报少先队的这份厚礼。这份荣誉是一种激励，一种鞭策，一种希望。透过它，我看到的是师长的希望，得到的是少先队的重托。今后，我会更认真仔细地完成少先队交给的任务，让少先队的辉煌在我的身上点燃希望之光。

513 中队　李晗伊

"和美少年" 的花朵尽情绽放

管理篇

尊敬的领导，亲爱的老师、同学们：

大家好！在这个生机盎然、蓬勃向上的校园里，我像一粒种子，在慢慢地被滋养着长大，我不仅有着强壮的身体，还有着攀登知识高峰和报效祖国的远大梦想。

在这个美丽的校园里，人人努力争当热爱祖国、理想远大的好少年；争当勤奋学习、追求上进的好少年；争当品德优良、团结友爱的好少年；

秦浩月在地球仪上寻找家乡

181

争当体魄强健、活泼开朗的好少年。今天我通过努力被评为"和美少年"，首先感谢我的老师，他们为我点亮了奋斗路上的第一盏灯，他们的谆谆教诲我永远铭记在心。

"少年智则国智，少年富则国富，少年强则国强。"我们是祖国的未来，民族的希望，同学们都在积极参加每学期的"和美少年"评选活动，争当"和美少年"应该从我做起，从我身边的每一件小事做起。我争当"和美少年"，要热爱祖国，树立远大理想，拥有中华民族的传统美德；我争当"和美少年"，要学习雷锋精神，牢记"帮助别人，快乐自己"这亘古不变的真理，同学之间团结友爱、互相帮助，挽起友谊的双手，向着未来勇敢登攀；我争当"和美少年"，要勤奋读书，拓宽视野；我争当"和美少年"，要培养自己独立的能力，积极参与社会和家庭劳动，成为生活小能手。

同学们，真正能做到"和美少年"，是很难的，可又是很简单的，只要我们从小事做起，认真做好每一件事，就一定能成为"和美少年"！从现在起为自己定一个新的目标，无论在学校、在家庭、在社会，都要做一个品学兼优的"和美少年"。今天，我们是株株幼苗，在学校这片沃土上茁壮成长；明天，我们便是根根栋梁，撑起祖国大厦。让我们用自己的行动，做一个"和美少年"，让"和美少年"的花朵在我们的学校尽情绽放。

402 中队　秦浩月

百尺竿头 更进一步

尊敬的各位老师，亲爱的同学们：

你们好！我是来自四年级(3)班的汤智显，我很荣幸获得了"和美少年"这个光荣称号！这份荣誉不仅是我个人的，也属于我的老师、同学和父母，因为这份荣誉是在他们的帮助下才获得的。

在家中，我尊敬长辈，体贴父母，经常与父母聊天、谈心，是父母的开心果。在外面，我讲文明，懂礼貌，对人热情，注重环保，讲究公德，是别人眼中的好孩子，朋友眼中的好少年。在学校，我尊重老师，理解同学，爱护公物，处事得体大方，与同学友好相处，团结友爱。身为班长，我更是以身作则，做同学们的好榜样，做老师的得力助手。

尽管我获得了"和美少年"这个称号，但这并不代表我在"赤橙黄绿青蓝紫"七个方面都做到了尽善尽美。我在许多方面还存在着进步的空间。但是这次我获得了"和美少年"这个称号，就一定会继续朝着"和美少年"的方向不懈努力。

"和美少年"，这个光荣的称号，对我是一种肯定，也是一种激励，它会激励我不断前行。这不仅仅是对我而言，我们大家都要行动起来。我相信只要我们都付诸行动，那么我们都将成为"和美少年"。

今后我一定会更加努力，百尺竿头，更进一步！

403 中队　汤智显

"和美少年"让明天的阳光更加灿烂

尊敬的各位老师、亲爱的同学们：

大家好！

我是四年级（10）班的王子玉，感谢学校对我的肯定，评选我为"和美少年"。

这次"和美少年"的获得，靠的是自己不断的努力和学习，但离不开老师平时对我的教导和同学们对我的帮助。当我为自己一点儿小小的成功而沾沾自喜时，老师告诉我不要骄傲；当我因一次失败而灰心丧气时，老师会为我加油鼓劲；虽然有时会批评我，但我仍然会虚心接受。平时我会找出自己的不足，尽力地去弥补。当我犯了错误时，老师也会严厉批评我。同学们会在我遇到困难时第一时间伸出援助之手，也会在我沮丧难过时鼓励我。这些，我都铭记在了心中。

为了争当"和美少年"，我平时严格要求自己，在校尊敬师长，热爱劳动，主动帮助同学做一些有益的事情，关心集体，待人热情大方，受到同学和老师的一致好评；课余时间博览群书，积极参加学校组织的各项活动等。

同学们，真正的成功离我们还很远，虽获得了"和美少年"的光荣称号，仍需继续努力。现在的我们，虽然已经迈出了坚实的第一步，但我们还要继续发奋图强，我们要挑战自己的极限，去超越自己。我不会因为这次得奖而骄傲，而要更加努力，拼搏进取。

同学们，让我们一起努力吧，不要辜负曾关心、帮助过我们的所有人。相信只有付出才会有回报，相信明天的阳光将会更加灿烂！

谢谢大家！

410 中队　王子玉

"和美少年"成长记

2021 年上半学期的一个周末，学校通知要评选"和美少年"，我想："争做'和美少年'，我必先行！"于是我回到家后的第一时间就把这个消息告诉了爸爸妈妈。"我要争做'和美少年'！"我兴冲冲地说。

"那爸爸问你，什么是'和美少年'呀？你心中的'和美少年'是什么样子的呀？"爸爸坐在书桌前推了推眼镜看着我说。

"那就是优秀、模范、红旗、标杆好少年呗。"我想了想这样说道。爸爸点了点头说道，"和美，'和'，为和而不同，'美'，为美美与共。和而不同就比如说班里的小朋友有的喜欢画画，有的喜欢做手工，还有的喜欢跳舞和唱歌，每个小朋友都有自己的爱好和想法，又都积极向上、渴望成才，虽然看似'不同'，但目标一致就是'和'。美美与共，就是你有一个好主意好办法，小朋友们也有好主意好办法，经过分享，我们每一

和美德育

184

个人就可以有更多的主意和方法。'一枝独秀不是春，百花齐放春满园'，这样的美才是大美。"

妈妈这时走过来说："别光听你爸爸吹，你看人家老师都发了'和美少年'的评价表，咱们只要依照条目做好就有可能成为'和美少年'，比如说'感恩少年'中要求要体贴父母并力所能及地分担一些家务劳动，所以你去把地扫一下。"

"得令！"我操起扫把动了起来。

随后妈妈把"和美少年"的评价表打印出来，我们一起学习并积极准备。

"这个评比也太难了吧！"我有好几次都想放弃，因为不仅要表现优秀还需要班级投票推选。我把这个困难向爸爸妈妈讲述，爸爸说："这点儿困难算什么呀？一方面需要做好自己，另一方面你要让老师、同学们认可你，推选你。这样的话，你只有自己先做到位，然后小朋友和老师才能看到，才会推选你。这说起来容易做起来确实有些难，不过爸爸妈妈相信你，你一定能克服困难，你一定行，加油！"我咬了咬牙心里使了使劲！"加油，我一定能成！"我对自己说。

经过连续几周的评选，我终于被评选为"和美少年"，站在领奖台前我心情激动，真想大声地说一声："感谢老师和同学们，感谢父母！"

我评上了"和美少年"，爸爸把家里的 WIFI 改名为"和美"，据爸爸讲这个寓意是"家和万事兴，人美情更深"。

后来学校发了"和美少年"的奖牌与"和美家长"的奖状，爸爸戴着奖牌，手里拿着奖状，要我给他拍照。他说："都是沾了我女儿这个'和美少年'的光，才能得到这张奖状的。"看来"和美"之风真如春风一般，让少年美，更让家庭美！

309 中队　齐宵玥

和美德育

"和美教师"评选

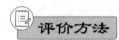 **评价方法**

    "和美教师"评价分为师德、师能、出勤、成绩四项，级部将考核项目采取过程性评价和终结性评价相结合的方式，一年一评价，作为教师晋级和评优评模的重要依据。

考核项目	考核内容	评分标准	评估办法
师德	思想建设	1.坚持以习近平新时代中国特色社会主义思想为指导，拥护中国共产党的领导，贯彻党的教育方针； 2.不得在教育教学活动中及其他场合有损害党中央权威、违背党的路线方针政策的言行； 3.忠于祖国，忠于人民，恪守宪法原则，遵守法律法规，依法履行教师职责； 4.不得损害国家利益、社会公共利益，或违背社会公序良俗； 5.带头践行社会主义核心价值观，弘扬真善美，传递正能量。	实地查看查阅资料
	教学行为	1.落实立德树人根本任务，遵循教育规律和学生成长规律，因材施教，教学相长； 2.不得违反教学纪律，敷衍教学，或擅自从事影响教育教学本职工作的兼职兼薪行为； 3.不得通过课堂、论坛、讲座、网络及其他渠道发表、转发错误观点，或编造散布虚假信息、不良信息； 4.加强学习，严谨治教，勤勉敬业，乐于奉献，自觉抵制不良风气； 5.不得组织、参与有偿补课，或为校外培训机构和他人介绍生源、提供相关信息。	师生访谈日常督查

考核项目	考核内容	评分标准	评估办法
师德	维稳安全	1.增强安全意识，加强安全教育，保护学生安全，防范事故风险，做好学生的个人信息保护工作； 2.得在教育教学活动中遇突发事件、面临危险时，不顾学生安危，自行逃离。	日常督查 家长访谈
师能	备课	1.个案修改实用、有创新、书写工整； 2.各学科备课必须使用"和美课堂"教学模式； 3.认真写好课后反思；备课节数不少于课标要求； 4.各学科除新授课外，要补充练习课、复习课、评价课。	日常督查 查阅资料
	授课	1.教师做到提前2分钟候课，保证按时上课； 2.教师搞好组织教学，课堂教学效率高，及时反馈，评价到位； 3.能熟练使用多媒体上课，并在多媒体上留有痕迹； 4.每学期能在录播室录一节课，并交一份教案；了解信息技术2.0内涵，了解30个微能力点，至少能熟练使用3个微能力，积极总结经验，有资料。	日常督查 查阅资料
	听课	1.教师每周至少听2节课； 2.听课笔记表格填写齐全，有优缺点和改进意见，内容翔实。	日常督查 查阅资料
	作业	1.各学科教师能严格按学校要求适量布置课堂作业、数学、英语作业提倡面批面改。作业批改及时、规范； 2.课堂作业要体现训练梯度，家庭作业按学校要求，语文、数学单科布置，英语不超过10分钟，必须在校内课后服务时间内写完，做到作业不出校门； 3.学生作业书写：一、二、三年级以认真、规范、整洁为核心评价指标；四、五、六年级以工整、美观、大方为核心评价指标。根据检查情况酌情记分； 4.科学实验按演示、分组目录，按规定要求实施；	日常督查 查阅资料

管理篇

187

和美德育

考核项目	考核内容	评分标准	评估办法
师能	教研	1.按时参加校本教研； 2.按时参加网络教研； 3.按时参加联片教研，并按要求做好各种记录； 4.教研记录，书写规范，记录详细，并且有收获；每位教师每学年至少上一节公开课，上交优质教案。 说明：休产假期间的教学常规积分按满分的60%计算。	日常督查 查阅资料
出勤	签到签退时间	签到时间： 上午 7:00—8:00　　下午 （夏）2:00—3:00 　　　　　　　　　　　　　　（冬）1:00—2:00 签退时间： 上午 11:30—12:30　下午 （夏）6:00—7:30 　　　　　　　　　　　　　　（冬）5:00—6:30	查阅记录
	事假病假旷工	1.请假按规定履行请假手续； 2.一年累计旷工超过两天者，出勤积分为0，取消评优评模资格； 3.签到后，未经批准不准私自外出。 说明：教师享有一天生日假，学校安排的加班可以和本人请假相抵消。	查阅资料
成绩	平均成绩	学期末按照上级组织学情评估进行积分。	查阅资料

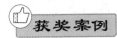

赤诚育桃李 智慧谱新篇

我叫常玉强，男，现年41岁，2000年7月毕业于河北武安师范学校，2008年取得河北师范大学本科学历，现为中小学一级语文教师。参加工作二十余年来，我一直坚守在教学第一线，勤勤恳恳、兢兢业业地干好每天的教学工作。2017年，我有幸被县委县政府授予"十大教书育人楷模"，2019年被评为邯郸市骨干教师，2020年被评为河北省优秀教师……荣誉的取得，更加激发了拼搏奋进的劲头。两年来，我用自己的实际

和美教师常玉强

行动，发挥了"育人楷模"的带头引领作用，在工作中取得了一些成绩，向社会、学校交上了一份满意的答卷。现就我的工作实际，做以下汇报：

一、立德树人，助生成长

教师是太阳底下最光辉最神圣的职业，这一职业需要一大批德才兼备、默默辛勤耕耘的敬业者，更需要教师将"立德树人"作为工作中心，并将之付诸实际的教学工作中去。在二十年的教学工作中，我把自己最美好的青春年华都献给了人民的教育事业，为孩子播种新的希望，并非常注重自身的良好形象，以潜移默化地感染学生。

在日常工作中，通过我的不断努力，学生的素质也得到了很大的提高：多次辅导学生参加省市县各级征文比赛获奖；多次辅导学生参加诵读、演讲比赛，成绩突出。多年来，我多次辅导学生参加邯郸市及涉县举办的"汉字听写大赛"，成绩突出。我先后被评为邯郸市及涉县中小学汉字听写大会"优秀辅导教师"称号。

辅导学生参加县级现场作文大赛，成绩突出。学生素养的提升，让我

管 理 篇

189

找到了努力的方向，也让我在工作中越战越勇。

二、提升业务，拔节成长

在工作中，我不满足于自己已取得的成绩，通过刻苦努力，不断提升自己的语文素养，业务水平得以进一步提升。作为一名语文教师，我认为：要想让学生喜欢并擅长写作，首先教师要不断提升自己的写作水平。因此，我积极参与各种写作竞赛，以此提升自己的写作水平。2021 年 10 月，在教师技能大赛中，荣获现场作文专场小学组二等奖；2021 年 8 月，辅导学生参加河北省"民法典进校园"征文活动，获小学组三等奖。这些成绩的取得，让写作成为我的特长和爱好，对学生的写作水平提升，也是十分有益的。

在平日的教育教学过程中，我潜心研究教育教学理论，有意识地丰富自己的理论修养。2021 年 8 月，主持研究的个人课题《"以学为主，建构小学语文高效阅读的赋能课堂"实践研究》被邯郸市教育科学规划领导小组批准立项，目前正在研究中；与此同时，我参与研究的市级课题《提高县城小学生习作水平的实践研究》，也正在如火如荼地研究中。对教育理论的不断钻研和学习，让我对教育教学工作有了更大的信心。

在教学中，我不断探索创新，积累了丰富的教学经验，逐步形成了新颖、自主、独特的教学风格。独特的课堂教学风格，让我在各类优质课评比中独领风骚：2021 年 6 月，讲授的《地球——我们的家园》，在邯郸市小学道德与法治优质课评比中，荣获一等奖；我参加涉县教体局组织的青年教师比武大赛，荣获一等奖第一名。

三、业精于勤，喜获硕果

在当前全面推进素质教育改革中，我依据新课程、新理念、新教材确立了自主探究的学习方式，注重培养学生的创新精神和实践能力。多年来，在我的不断努力下，出色地完成了各项教学任务，教学成绩突出，在学校名列前茅，多次获得县教体局授予的"小六会考先进个人""教学先进个人"和"教研先进个人"等荣誉称号；2021 年，我再次被涉县教体局评为教学先进个人。

成绩的取得，激发了我的斗志，让我在工作中拥有了更多的热情，也让我更加自信地迎接未来的挑战。成绩的取得，让我对自己的教育工作信心倍增。"赤诚育桃李，智慧谱新篇。"作为一名人民教师，我会在今后的工作中，继续恪守着对人谦和，对己严格，对工作尽责，对学生发展负责的人生准则，用智慧和心血谱写教育教学的新篇章。我会始终用自己的一片赤诚之心培育学生，用高尚的人格魅力影响学生，用崇高的师德塑造学生，并努力用自己的实际行动诠释"德高为师，身正为范"的真正内涵。

新北关小学　常玉强

倾注爱心　甘于奉献

我是"孩子王"，我是"人民教师"，我是"人类灵魂的工程师"，我从不质疑自己的角色，并一直以此为自豪。在"太阳底下最光辉的职业"的光环照耀下，兢兢业业行使这些角色赐予的神圣使命，用二十四年的汗水、热血，育得桃李芬芳，谱写了属于自己的平凡而无悔的青春之歌。

和美教师樊红梅

我叫樊红梅，于 1998 年 8 月参加工作。现在涉县新北关小学任教。在参加工作的二十四年中，当了二十四年班主任。把满腔的热血献给了我挚爱的孩子们，并取得了一些成绩。2018 被评为涉县最美"骨干"教师称号；2011 年度记县"三等功"；2008、2010、2013、2014、2017、2018、2019、2020 年度获县"嘉奖"奖励；；2017 年获县"先进教育工作者"；2010、2013 年度被评为县小六会考"教学先进个人"；2016—2017 学年度被评为县教学能手；2017—2018 学年度被评为县"教学能手"；2019—2010 学年度被评为县"教学能手"；2017 年"优质课"获县一等奖；

2018年读书征文获县一等奖；2018年案例征文获县二等奖；2010年小六会考语文全县第三；2013年小六会考语文全县第二，2021年小六会考语文、道法均取得了全县第十二名的好成绩。

一、以爱为桥，倾心教育

教师之所以有魅力，最根本的原因就是教师是"善与爱"的代表。我对学生非常地关心，真正付出了我的一份爱。用自己崇尚爱的教育，以理解之心、平等之心、宽容之心和奉献之心、对待每一个学生。在我的心里没有好生和差生之分，只有一群活泼可爱且日益进步的小天使。苏联教育家马卡连柯以前说过："没有爱就没有教育。"爱是理解，爱是同情，爱是尊重，爱是信任，爱是宽容，爱是鼓励，爱是奉献，爱是当好班主任的前提。别林斯基说过：爱是鉴别教育的尺度。教书育人是教师的天职，而育人就应是班主任的首要天职。如何育人？爱学生是教师教育学生的起点和基础。爱学生，就需要教师尊重学生的人格、兴趣、爱好，了解学生习惯以及为人处世的态度、方式等，然后对症下药，帮助学生树立健全、完善的人格。

"坚信每位学生的心灵深处都有你的助手，你也是每位学生的助手。"六年级重新分班以后，分到我们班一位叫张帅杰的同学，眉清目秀，白白净净的，长得非常帅，但性格倔强，上课不听讲，小动作特别多，字写得也特别潦草，行为习惯非常不好。小小年纪的他善于琢磨老师，会用不同态度对待不同的老师，其他老师给我反映说他上课时不听话，老师批评他，他就跟老师顶嘴，甚至还敢还手，气得老师都快哭了。于是我就暗暗观察他，我发现他是一个非常有号召力的孩子。下课很多同学都会围在他身边听他号令，他说什么别人就附和什么，都在他的率领下玩耍。我想：这个孩子是个可造之才，我要重用他，让他发挥自己的正能量。一天下午放学后，我把他叫到办公室，用欣赏的眼光看着他，我微笑地说："你是一个很棒的孩子！"他笑了。我接着说："你不但聪明，而且很有'领导'才能，如果能得到很好地锻炼，等你长大了参加工作后你会成为很棒的领导。"这时他腼腆的笑变成了灿烂自信的微笑。"老师现在给你一个锻炼的机会，你愿意吗？"他毫不犹豫地说："老师，我愿意。"我接着说："那你就担任我们的卫生班长吧。"他满意地点点头，并且说："我能管好咱们班的卫生，请老师放心。"确实我发现他很认真负责，把工作做得井井有条。之后他还在学校跳绳比赛中荣获第一名的好成绩，为班集体争光。从各方面来说，他都有了很大提升，他很自豪，我也很开心！

我说的第二位同学是一位女生，她非常文静，从不大声说话。有一次上数学课时，她到办公室对我说："老师，我头疼。"我赶紧把她拉到我身边，我用手摸了摸她的头，不烧，于是我从抽屉里拿出感冒药让她喝了两粒，我把她当作了自己的孩子来关爱，让她感觉到了无比的温暖，紧接着她对我说："老师，我的头不疼了。"我让她喝的不是灵丹妙药，不会一下子起作用的，感冒药得半小时以后才能起到作用的，可能是她沉浸在老师的关爱中忘记了疼痛，家长也非常感激，从那以后家长更积极配合我的工作，在每天的家庭作业都会批注上详细的评语，对班里的各种活动，讲故事、亲子阅读、书法、绘画、小制作、手抄报等等都积极主动地帮助孩子完成。在对学生付出真爱的同时，无形中感动着每一位家长，他们也便成了我们的好帮手。

每个学生的背后都有着精彩的故事，每个故事都饱含着老师的关爱，在爱的呵护下，他们学会了很多，包括尊重、理解、宽容等。

二、耐心帮助，激励上进

六年级分班后，我担任六(5)班语文课教师、班主任及本级部教研组长，面对压力，我迎难而上，并且发誓：只能成功，不能失败。这个班的学生大都是"留守儿童"，父母外出打工，祖辈照看，甚至还有一部分寄居在亲戚家。整体素质较差，学习懒散、成绩不理想、纪律涣散，部分学生连家庭作业都无法完成。接到这样的班，我并没有灰心，而是深入了解学生个性，发挥他们的优点，充分调动学生内心深处的积极性，狠抓学风班风，经过大家共同努力，这个班的学生脱胎换骨，都有了质的改变。二十四年的班主任工作让我深深懂得，只有全身心地去爱每一位学生，真心实意地为学生着想，才能拉近与学生的距离，教育才能落到孩子的心坎上。我满腔热情地对待每一个学生，为每个学生的发展提供最优质的教育服务，特别关注后进生的学习、生活和思想，使他们努力地投入学习，自信地面对生活。

三、锤炼思想，勤于学习

教书育人是教师的天职。教师只具备必要的专业知识是远远不够的，还必须具有高尚的思想水平和道德情操，以身作则，以自身的榜样去感染、熏陶学生。我十分注重自身的思想教育和师德修养，把自己培养成一个品德高尚的教师。"其身正，不令而行；其身不正，虽令不从。"在工作中，我时刻牢记这句古训，对学生不只是一味地严格要求，而是更加注意以身作则，用自己的师德魅力引导学生，感染学生。不管是严冬酷暑，不论是早晨或中午，我都提前候课在教室，因此学生没有迟到的现象。大扫除时，我都主动和学生一起劳动，难度大的，有危险的地方都是我亲自打扫；课余活动，我总出现在学生中间，组织他们开展健康有益的活动，引导学生团结友爱。因此，我所带的班级，不但成绩好，而且纪律严，学风正，赢得了同事的赞赏、家长的信任和社会的认可。

新北关小学　樊红梅

朴素中彰显勤奋　低调中力求精彩

我叫冯晓霞，是涉县新北关小学一名小学语文教师，本科学历，中小学一级教师。自1995年8月参加工作以来，我把满腔的热血献给了我挚爱的孩子们，把勤劳和智慧融入这小小的三尺讲台，使这块儿沃土上的花儿茁壮成长，竞相绽放。下面，结合自身这些年的辛勤工作，谈一谈认识和体会。

一、教书育人，无私奉献

我热爱自己的工作，如同热爱自己的生命。自从事教育教学工作以来，我忠诚于党的教育事业，热爱教育事业，时时以一个优秀教师的标准要求自己，热爱学生、团结同志，并千方百计地改进教学工作，努力提高学生的知识水平，培养学生分析和解决问题的能力。在课堂教学中，我不断总结教学经验，一丝不苟地完成每一项教学工作，努力提高教学艺术水平，力争精益求精。

和美教师冯晓霞

凭着这种对教育的赤诚之心和强烈的责任感，我在平凡的教学工作中永远保持着一种崇高的敬业精神、忘我的牺牲精神、无私的奉献精神。我告诉自己要用心地做教育中的每一件小事、耐心地处理班级里的每个问题、用全部的爱呵护着每一颗幼小的心灵。我播种阳光，收获了春天。学生才是我最好的荣誉证书。

随着教改的发展，我不断学习新的教学理论，更新教学理念并应用在实际教学中，在课堂教学中，我大胆进行"先学后教，当堂训练"的高效课堂改革实践和探索，减轻学生的负担，力争让学生在自主、轻松的气氛中学习语文，学好语文，并取得了良好效果。历年来，我出色地完成了各项教学任务，教学成绩显著。工作期间，我既教书又育人，经常对学生进行思想品德教育，教育学生做人要自立自强，诚实守信，为人正直；在学习上要积极进取，开拓创新，待人要宽厚，做事要有责任心；在生活上要勤劳节俭，生活俭朴。经常教育学生热爱祖国，热爱人民，热爱集体，做一个社会主义合格的接班人。

二、潜心钻研，不断提升

在教育学生时，我想"喊破嗓子，不如做出样子，要想正人，必先正己"。所以，无论是课上还是课下，我总是以自己的人格力量感染学生，注意自己点点滴滴言行的影响。我说的每一句话，做的每一件事都能严于律己、率先垂范。我明显地感觉到：我的言谈举止，既处于学生最严格的

监督之下，又处于时刻被学生效仿之中。所以，当我要求学生努力学习时，我首先做到了忘我的工作态度和刻苦钻研的精神；当我教育学生热爱劳动时，我没有指手画脚、拈轻怕重，而是和学生一起参与劳动的全过程；当我叮嘱学生遵守纪律时，我首先做到了遵守校纪班规，终于，有人主动弯腰捡废纸了；有人主动下课为学困生讲题了，当我表扬学生时，同学们的回答都是一样的："我是跟你学的。"这句话震撼着我的心灵，我感觉到无比的欣慰与自豪。因为我从学生的身上看到了自己的影子，同时也验证了"言传身教""身行一例，胜似千言"的至理名言。

三、潜心教研科研，提高综合能力

教研活动是载体，课改科研是先导。在这方面，我积极参加学校组织的各项学习活动，观看各种教学观摩课和报告会，不断充实自己，借鉴优秀的教学方法，提高自己的教学能力和业务水平。学习新的教育理论，不断更新观念，拓宽视野，学习中成长。在教学中，不断进行教学反思，勤于总结，更好地把握教育规律，并做到学以致用。在教育教学中，我积极进行课堂教学改革的探索和研究，大胆实践，钻研教材、大纲，了解学生，深入实际，坚持以人为本的原则，构建和谐课堂。我倡导学生"民主、合作、探究"式的学习，借助教材、各种教学资源让学生自主体验、感受，开发学生的探究能力、学习能力、合作能力、创新能力。让学生亲身经历知识的形成过程，在教学过程中，从学生的角度出发，从实际生活出发，发挥学生的个性、潜能，指导学生掌握学习的方法，让更多的学生勤于动手，主动参与，乐于探究，让每一位学生都能在课堂上得到发展，使学生在一堂课结束后，不但学到了知识，而且思想价值观也发生了改变，达到在教学中育人的目的。

四、团结合作，教学相长

在工作中，我虚心向同志们学习，团结协作，教学相长。业余时间总是和同志们交流教学心得，研究教学，取长补短。在教学中不断探索新的授课形式，真正做到寓教于乐，提高学生学习兴趣，使教与学成为一种互动的关系，使教师和学生成为合作的伙伴，从而提高课堂效率。在教育教学实践中，我力争创设和谐的教学环境，要让学生在课堂上感受到的是一种亲切、和谐、活跃的气氛。要让学生觉得教师就是自己的亲密朋友，教室也转变成为学生的学习乐园，学生再也不是僵化呆板、默默无闻的模范听众。他们的个性得到充分的展现与培养：或质疑问难，或深入思考，或小组间交流。师生互动，生生互动，小组间互动，在有限的时间内，每一位学生都得到了较为充分的锻炼和表现的机会，课堂上充满着流动的阳光，平等、和谐与交流共存。活跃的思维，频动的闪光点，让学生成为课堂上真正的主人。教师的授课既源于教材，又不唯教材。师生的情感与个性融在其中，现实的生活进入课堂，学生在互动中求知，在活动中探索，既轻松地掌握了知识，又潜移默化地发展了能力。学生的整体素质得到了提高，语文课堂真正焕发出它应有的活力。

五、奋力拼搏，硕果累累

"路漫漫其修远兮，吾将上下而求索"是我追求的境界。于是我坚持学习，以此提高自己的文化素质，同时积极参加各个公开研讨课，教学技能不断提高。在学校领导的亲切关怀和各位同事的热情帮助下，我的教学工作取得了较好的成绩：2015 年被教体局评为教研工作先进个人；2017 被教体局评为教育溯源优秀教师；2017 年被评为老区最美教师；2018 年被中共邯郸市委教育工委、邯郸市教育局授予"邯郸市优秀教师"荣誉称号；2008 年、2009 年、2012 年、2013 年、2015 年、2016 年、2017 年受县政府嘉奖；2010 年、2011 年、2012 年、2013 年、2014 年教学成绩突出被涉县教体局评为"教学工作先进个人"；2015 年、2016 年、2019 年教学成绩突出被涉县教体局评为"教学能手"；2020 年 12 月被教体局评为"先进教育工作者"。

教师是太阳底下最光辉最神圣的职业，在今后的教育教学工作中，我将更严格要求自己，一如既往地努力工作，向更高的目标奋进，并为此奋斗一生。

新北关小学　冯晓霞

润物无声 倾心教育

和美教师徐彩霞

我叫徐彩霞，是一名普通的小学教师。在二十几年的从教生涯中，我始终忠诚于党的教育事业，时刻以一个优秀教师的标准要求自己，勤勤恳恳、兢兢业业、热爱学生、团结同志，深受学生、同事、领导的好评。在多年的教育教学中，我得到县政府的多次嘉奖，也得到了学校各级领导的认可与好评。

一、学而不厌，提高思想境界

作为一名教师，我深知学习党的先进理论是终身的事，只有不断学习才能在思想上与时俱进、在业务上强人一筹，才能做一名合格的人民教师。我平时注意学习时事，紧跟党的思想，胸怀天下。在三尺讲台上，我认真执行党的教育路线、方针、政策，严格按照党的教育政策教书育人、为人师表。在教给学生文化知识的同时，更注重全心全意教育孩子爱家乡，爱祖国。无论教哪一个年级，我都以高度的责任感和事业心将全部的热情投入工作中去，以培养有理想、有道德、有纪律、有担当、有创新意识的事业接班人为己任，志存高远、爱岗敬业、乐于奉献，自觉履行教书育人的神圣职责。

二、常规与课改并重，收获颇丰

作为一名多少有点经验的教师，我没有在过去的成绩上停滞不前，高标准严要求对待自己，在教学上精心备教材，备学生，注意学生在课堂上的动态生成，从孩子的实际情况出发，真正使孩子爱学，乐学。我还认真钻研业务，虚心向同行请教，认真及时批改作业、耐心辅导学生，对学生严而有度，与同学们真诚相处，用爱与学生沟通，同学们都把我当成亲密的好朋友、值得尊敬的长者。因为有了这份关爱，同学们都喜欢上我的课。

为了激发学生积极参与课堂，我进行了"小学高年级语文学科提高学生课堂参与度"这一课题研究，经过精心地调查，细心地观察，耐心地反复试验，我成功摸索出了一套小学高年级语文学科提高学生课堂参与度的课堂教学模式，尤其在小组合作方面，小组组员的参与度空前高涨。目前，市级课题《小学高年级语文提高学生课堂参与度的研究》已成功结题。基于此，我所任班级教学成绩常年位于同年级前列，近四年教师考核，我都是全校第一名，得到了学校领导的高度认可。

深化课程改革，我始终走在课改的前沿，为了提高自己的教学水平，我总是利用工作之余，多方搜集材料，阅读教育教学理论书籍，转变教育观念，了解课改的最新动向。多年来，我持之以恒地主动学习课改理论，掌握《新课标》的基本精神，阅读了大量的素质教育和新课程改革的理论书籍，写了两万多字的读书笔记和读书心得，使自己的教育理念始终走在时代的前列，更好地服务于教育教学工作。我与樊红梅、赵飞霞老师共同制作的《神奇的魔法棒》在河北省第九届优秀自制教具评选活动中，获省三等奖，我写的德育创新案例《走进传统文化滋润学生心灵》获涉县中小学德育工作创新案例三等奖，首届"女娲杯"优质课比赛，我执教的群文阅读《走近辛弃疾》荣获一等奖。一师一优课《军神》获得省级优课。环保班会课《垃圾分一分老区美十分》获得省三等奖。我指导学生演讲《弘扬旅发精神赞老区最美建设者》获得全县第一名。同时，我还鼓励学生多读，多写，多名同学的作品在《邯郸晚报》和《学苑新报》上发表。在自身学习上，我也不甘落后，积极参加县教研室、县进修学校组织的培训进修学习，认真学习当代名师的先进理论，充实自己，突破自己，不放过一次机会，把所学到的先进教学理论运用到课堂实践中，使学生受益匪浅。我也因此被评为县骨干教师，邯郸市优秀教师。

三、播撒爱的种子，润物无声

在工作中我尽情地把自己的爱播撒在教室的每个角落，在我的眼里，每一个孩子都是栋梁之材，每一块"顽石"都能雕琢成一块玲珑剔透的美玉，所以，在我的眼中，每个孩子身上都有闪光点，都值得去欣赏，我以学生的快乐为自己的快乐，以学生的痛苦为自己的痛苦，每当学生在学习或生活中遇到困难时，我总是伸出援助之手，用自己的真诚去打动他们，带领学生们走出人生的一片片荒漠，让他们重新得到快乐，在阳光下健康地成长。我班的李晓娟同学，由于一直以来成绩差，家长对她失去了信心，让她变得性格孤僻，不愿与老师和同学交流。我多次与她谈心，在课堂上始终微笑面对她，又让同组同学向她伸出援助之手，经过多方面的努力，她终于又找回了自信，重新快乐地生活，快乐地学习，今年被评为"进步之星"，她的父母为此十分感激。我班的郝鑫磊同学，顽皮捣蛋，我以爱心包容着他，课下多次与他倾心交谈，并在课堂上及时表扬他的闪光点，现在孩子已逐渐变得有了控制力，不再打扰同学们的学习。在我的努力下，目前我班的学生在课堂上都能开心地学习，勤学好问的班风日趋浓厚。成绩只能代表过去，在新的教学征途中我会继续努力，继续坚持，把教育当作一项伟大的工程来做，真正把孩子们培育成建设富强、民主、文明、和谐、美丽的社会主义国家的栋梁之材。

新北关小学　徐彩霞

"和美班级"评选

　　级部对班级的考核注重过程性评价，考核内容分为教学工作、政教工作、艺体工作和后勤工作四项，根据相关要求和标准，通过日常督查、不定期抽查对班级进行一周一考评，作为和美班级评价的依据。

考核项目	考核内容	评分标准	评估办法
政教工作	日常教学	1.教师做好课前候课，课中高效精彩讲授，课堂秩序好； 2.学生上课专注，达成教学目标。	实际检测
	升旗活动	周一升旗仪式和大型活动班主任组织学生按时到场，有序退场，穿校服，佩戴红领巾，班级背心穿戴整齐，活动期间学生保持安静。	实地查看
	班级管理	1.桌凳、卫生工具、水杯架、图书架、花盆、活动器材摆放整齐，窗帘捆绑整齐，摆放整齐； 2.地面、桌凳、门窗、电器开关干净，学生搞好个人卫生； 3.严格按照流程进行和美少年、和美家长的评价，做好记录，及时完成和美评价各版块内容（七色花瓣涂画到位、和美之星更换到位、学生徽章佩戴到位）； 4.路队整齐，教师带队到指定位置； 5.正常开展养习和节庆教育，按时上交各项资料；在校期间学生必须穿校服。	日常督查查阅资料师生访谈家长访谈
	安全管理	1.按时认真开好班会，并做好记录； 2.课间监管到位； 3.出现教学安全突发事件，涉事老师和班主任处理迅速，主动作为。	日常督查查阅资料

管理篇

续表

考核项目	考核内容	评分标准	评估办法
艺体工作	间操社团	1.带队教师要按时到场,认真负责,监管到位; 2.学生进场迅速,退场有序,做操动作整齐; 3.课间操学生必须穿校服; 4.积极支持学校社团活动,保证学生按时参加。	实地查看
后勤工作	爱护公物	1.爱护墙裙、小鼓、足球、桌凳等公物; 2.轻声关门,保护门窗; 3.保护好暖气片,厕所隔板、布帘; 4.保持校园外所有墙面整洁,不出现脚印、涂画、不故意损坏等; 5.节约用电,课后关灯、关电扇、关一体机。	实地查看

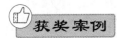
获奖案例

关于对 2021—2022 学年第一学期 "和美班级" 的表彰通报

岁月不居,时节如流。一年来涉县新北关小学紧紧围绕教体局"一个中心、两个提高"总体工作思路,结合涉县新北关小学《教育教学质量考核细则》中和美班级管理条例,各级部从教学工作、政教工作、艺体工作和后勤工作对所有班级进行了全方位考核考评。为了树立典型,鼓励先进,决定对 2021—2022 学年第一学期取得突出成绩的"和美班级"进行表彰。

和美班级名单:

一级部　102　101

二级部　205　211　208

三级部　307　304　312

四级部　401　403

五级部　507　503　509

六级部　606　604　605

希望受表彰的班级，要珍惜荣誉，再接再厉，再鼓干劲，再创佳绩。希望广大教师要学习先进，创先争优，立足本职，求真务实，真抓实干，创新发展，将涉县新北关小学的教育教学工作提高到一个新水平，为促进教育事业又好又快发展作出积极贡献。

新北关小学
2021 年 12 月 30 日

荡除浮尘　初心如磬

朴实的情怀初心如磬，坚实的行动荡除浮尘成就和美班级；一路追寻、一路奔突、一路成长塑造和美教师。

王江峰，男，1999 年参加工作，2009 年涉县新北关小学建校时成了第一批"拓荒者"。自从教以来，不忘为师之初心，兢兢业业，砥砺前行。2021 年所任教 401 中队被评为"和美班级"，本人也被评为"和美教师"。

和美班主任王江峰

思想决定行为，行为决定习惯，习惯决定性格，性格决定命运。各种习惯的养成是构成良好班风班貌的基础，小学则是良好习惯养成的最初时期。他在教学中首先重视培养学生良好的习惯和意识。如果一个班级构成了良好的班风，学生会在各方面得到提升。对于这一点，他一向在努力中。他根据小学生的特点，采用各种比赛来巩固学生的良好习惯。所任教班级的很多同学提高是巨大的，一个学期下来，一下子长大了很多，懂事了很多，此刻都会变成教师的好帮手。

爱是无声的语言，是教师沟通学生思想和感情最有效的手段，想要管理好班级，必须关心、了解每一位学生。小学生经常围着教师转，他也借

管
理
篇

203

机把孩子叫到身边，和他们聊聊天：告诉他们这几天天气冷，要多穿衣服，防止感冒；学习用品够不够用；有什么开心与不开心的事和教师分享……在这种简单的聊天氛围下，把握好时机自然而然地提出对他们的一些要求，温暖孩子的心灵，使孩子们不断地进步。

孩子的教育离不开教师和家长的共同协作，所以，经常与家长取得联系是教师的职责，也是义务。孩子在家中的表现只能经过家长来获悉，同样学生在学校的表现也应及时反馈给家长，只有双管齐下，才能收到教育的效果。所以，在教学中，他利用家访这一平台，主动与家长们坚持联系，将一些孩子的表现通知家长，共同商量对策，让五加二不再等于零，从而收获效益最大化。时光荏苒，转眼之间二十多个春秋如流水一般匆匆而逝，曾经的热血青年已经变为两鬓斑白的中年，但不改的是作为人师的初心，他将继续用自己的生命照亮孩子们的知识殿堂。

401 中队　王江峰

向暖而生　向心而行

和美班主任肖凤楼

师者如舟，行千里而不殆。班主任工作中的悲伤与忧愁，在逝水流年的涤荡下随波而逝；而有些欢乐与笑靥，却永远留在记忆深处，历久弥新。一名学生，一个故事，一声问候……将永远铭刻在我的记忆深处。

蓦然回首，从事教育教学工作已二十余载，从事班主任工作近二十载。自从到涉县新北关小学任教以来，更是连年任班主任工作。每一届可爱孩子的笑脸都深深刻在我的记忆深处，在街上偶尔遇见教过的学生，一声"老师好"，一个会意的微笑，一个心领神会的眼神……都将是我作为一名教师而感到无比的光荣和自豪。老师，真好！当老师真好！

班主任工作千头万绪，让每个孩子进得来，学得好，是我二十多年工作中恪守的信条。每接一届新学生，为了让孩子们尽快适应新环境，我都会及时了解每一个孩子，尽早走进每一个家庭。通过家访、电访、路访等途径，和家长、孩子建起信任的桥梁。在我的教育生涯中，有这样一条规律，一个月必须喊出每一位学生的姓名。当新接手一个新班级时，在最短的时间内能喊出一个学生的姓名，这是对学生莫大的尊重。"您怎么能喊出我的名字？"当看到学生那诧异的眼神时，我的回答是，因为你优秀啊！一句话拉近了师生间的距离，从此，这位学生将迅速感受到老师对他莫大的关怀。只有用自己的真诚和关爱，才能换来学生的信任和支持。当你对一个家长滔滔不绝地谈到一个孩子生活的点点滴滴时，才能很好地实现家校共育。

"其身正，不令而行；其身不正，虽令不从。"这句话道出了一名教师的示范性和学生的向师性。教师的一言一行都深深地潜移默化地影响着每一位学生。所以，我在日常生活中时刻警醒自己的言行，为学生树立榜样，并随时请学生监督。人非圣贤，孰能无过。教师只有不时进行自我批评，才能看到学生的自我反省。看书时要求学生安静，我会拿着书在讲台上静静品读；要求学生入室即静，我会走进教室静静观察，以达到以静制动的效果。因为有了教师的示范和引领，孩子们各方面良好的行为习惯得以养成。

"三尺讲台，道不尽酸甜苦辣；两米黑板，写不完人生风景。"二十余年的教学生涯给我的人生留下了完美的回忆。本学期，在学校"和美育人，多彩发展"指引下，秉承"和美做人，踏实做事"的校训，所带班级被学校评为首届"和美班级"。在今后的班主任工作中，唯有踔厉奋发，笃行不怠，才能不负于人民教师这一神圣的称谓。愿新北关小学的班主任们在今后教书育人的时光里低吟浅唱，走出桎梏，寂静成长。

管 理 篇

509 中队　肖凤楼

用爱浇灌 静待花开

在教育的过程中孩子犹如一颗花种，但是他们的花期各不相同，这就需要我们老师用爱去呵护他们的成长，用心去陪伴他们长芽生叶。即静待花开，默默耕耘。而作为班主任，不但要教好所任教的学科，还要培养一个健康向上的班集体，使每个学生德、智、体、美、劳等方面都得到充分发展，形成良好的个性品质。下面我想和大家分享一下我当班主任的心得和体会。

和美班主任刘凤霞

一、用爱温暖每一个孩子的心田

爱是教育的永恒话题，是教育最基本的情感。教育家陶行知曾经说过：没有爱，就没有教育。作为班主任我们必须要用我们的真心、爱心、耐心、恒心来感化和教育每一个学生，让孩子们能够对我们敞开心扉，和我们真诚相待。

我们班有一个调皮捣蛋的孩子张鼎文，每天不写作业，上课不听讲，跟同学玩闹，课下还偷偷地吸电子烟，各科老师都对这个孩子束手无策，作为班主任的我，只有让他敞开心扉接纳关心和爱，才能有所进步，才能在班级里实现自己的价值。于是我开始跟他谈话，开始要求他从每天认识一个词语做起，从每天认真听一节课做起，从发挥自己的劳动强项做起，就这样一天天地，他能背首简单的古诗了，他把垃圾箱周围的垃圾清理干净了……遇到这个时候我就会当着全班的面表扬他，让他感受到来自老师的赞许和同学们的赞扬；当然有时候，他还是会犯些小错，对于这些错误行为我也绝不会得过且过，有时我会声色俱厉、严厉批评，慢慢地他开始融入集体了，有了自己的学习目标，数学成绩有了显著提升。

二、用爱激发学生向上的热情

班主任的工作是繁重的，是琐碎的，当我感觉到力不从心时，我就毫不保留地把工作交给孩子们去做。

（一）班里的卫生有人管。我在班里成立了卫生检查小组。每天有人监督谁的座位旁边有废纸垃圾，谁的座位摆放不整齐。班里的各科学习有人管，每个科目都有自己的科代表，课前负责布置作业，监督纪律，每天的作业都有人收发。

（二）班里班外的安全有人管。每天专人站在门外查学生教室外跑跳喧哗情况，有专门人来看守小楼梯的，有专门看不能在楼梯内玩耍，长时间逗留的。班里的杯架图书角有人管。每天有人专门负责擦杯架，整理杯子。总之，班里的每项任务都有人负责，每个同学都有自己负责的任务，而每个人的完成情况我也会在每周班会上进行总结和奖罚，总之，我努力做到调动每个孩子的积极性，参与班级管理，让班级各项工作得以顺利进行，各项殊荣不断取得。

三、用真诚做好与学生家长的沟通

家庭教育是学校教育的后盾，家长的支持是班主任工作顺利开展的前提。为了让家长更好地了解学生的学习状况和在校表现，除了每学期必开的家长会，我还抓住任何一次与家长见面的机会进行沟通交流。

与家长沟通孩子的进步，与家长沟通孩子的优点和不足，与家长沟通孩子的作业和学习情况，与家长沟通孩子的情绪。慢慢地，宽容、理解在老师和家长中蔓延，家校合作就应该是一件轻松而愉快的事情。

在今后的工作中，我将更加认真对待自己的工作，更加谦虚地向别人学习，更加真诚地对待我的那群孩子！让班主任工作熠熠生辉！

管理篇

606 中队　刘凤霞

做幸福的班主任

和美班主任崔晓凤

班集体是学生成长的摇篮。如果说班集体像一条项链，那么学生就像这条项链上的一颗颗珍珠，班主任就像项链上的绳子，只有班主任把学生组织好，才能让这一颗颗珍珠串成美丽的项链。从事班主任工作以来，每每都会有所收获，下面我就分享自己的一些体会。

一、明确要求，成立班干部委员会

为了有效管理班级，这一学期，我一接手这个班级，就在最短的时间里了解班里的每一个孩子，及时成立了班委会，明确班干部分工，每天都有两位小班长管理班级纪律。尤其是课前纪律，甚至可以自主布置课前作业，让学生有事可做，同时也杜绝安全隐患。同时，为班里学生都分别安排了对应的卫生轮值任务，明确具体时间、具体卫生清洁任务。这样，学生们很快就养成了一定的纪律和卫生习惯。

二、加强监督，形成班级管理合力

仔细观察课堂活动，讲课时应始终密切注意学生的动态，要注意巡视全班学生。善于指导学生行为的班主任，应能在学生的不恰当行为造成混乱之前就有所察觉。课下可发挥班干部的管理监督作用，在行为规范上随时监督，及时纠正。同时，也应注重班级学生的自我监督和管理。如成立学习小组，学习小组里有一位小组长，负责督促组员的学习情况。

三、严慈相济，创建班级和谐氛围

一个人的成长，总是在严慈相济中相互交叠的。"严"就是老师对学生要严格要求，严格管理，不放松，不迁就；"慈"就是教师要真诚宽容地爱每一个孩子。没有爱就没有教育。当学生犯错误时，要及时处理，不妥协，不拖延。同时也要本着宽容仁爱之心善待学生的错误，用优点融化学生的缺点，平等对待每一位学生尤其是学困生，不能厚此薄彼，有偏见之心。对待学困生，要循循善诱，诲人不倦。拿出12分的热情，更加细心，更加耐心地去照顾他们，使他们重新找回自尊、自信。只有学困生被转化了，整个班级才能够和谐发展。

四、积极评价，促进学生健康发展

都说好学生是表扬出来的，所以每当学生有一点进步，老师都要毫不吝啬地给予表扬，这样学生的干劲更足，学习会更加积极。当然，惩罚也是要用的，但要慎之又慎，千万不能伤害到学生的自尊心。教育是什么？简单的只有一句话，就是养成良好的习惯。我们要充分利用"和美评价"机制，为学生树立榜样，也促使学生实现自我管理、自我监督，以及互相监督，养成良好的行为习惯和学习习惯，从而使每一位学生都心有所向，人人争做和美少年。

五、讲究"勤"字，成就和美班集体

俗话说："一勤天下无难事。"作为班主任，要比别的教师多留心眼，多下功夫，舍得花时间，要时时细心观察学生情况，将他们发生的一切事务认真、妥善地处理。勤于处理他们之间的大小事务，即时纠正学生每个不起眼的违规违纪行为。班主任要努力做到"勤"，就需要充当许许多多角色。

古语曰："他山之石，可以攻玉。"作为班主任难免都会碰到一些"坚硬的石头"，但是如何把他们雕刻成能绽放异彩的玉，这就需要"匠师们"的精心雕琢。所以，我将一如既往地努力工作，不断总结经验，争取把班主任工作做得更好！

管理篇

503 中队　崔晓凤

和美德育

"和美级部"评选

学校实行级部管理，对级部的考核注重过程性评价，考核内容分为教学工作、政教工作、艺体工作和后勤工作四大块。各块由主管领导牵头，根据相关要求和标准，通过日常巡查、不定期抽查，对级部进行一月一考评，一月一公示。

一级指标	二级指标	考核内容	评估办法	责任处室
政教工作	教学常规	1.按教务处要求做好常规检查工作，有记录，有总结； 2.教师做到提前2分钟候课，保证按时上课； 3.随机听课，并当堂抽测学生知识接受情况，酌情记分； 4.规范教学行为，坚决制止体罚学生、办班补课、乱定资料、布置过量作业等行为。	查阅资料课堂观察	教务处
	环境卫生	1.教办室有值日安排，物品摆放有序，卫生整洁； 2.区域内楼道图书柜卫生整洁、图书摆放整齐。	日常巡查	教务处
	升旗活动	1.各年级有序组织升旗仪式。学生穿校服，佩戴红领巾，班级背心穿戴整齐； 2.负责升旗的级部要提前准备好升旗仪式流程,保证顺利进行,并做好资料上交。	实地查看查阅资料	政教处

210

一级指标	二级指标	考核内容	评估办法	责任处室
政教工作	班级管理	1.落实好上级疫情防控精神,做好晨午检、消杀消毒、因病追踪,流行病防治宣传; 2.科任教师要做好课前、课后,上厕所、放学、劳动等安全教育和监管工作,教育学生上学放学在等候区以外上下车,在校园走规定路线;学生放学路队整齐,到路沿前解散; 3.组织好每周一次大扫除,班务劳动分工明确,班级、地面无纸屑,墙裙桌椅等干净整洁,墙壁不随意张贴,桌椅摆放整齐,电器无灰尘; 4.做好"和美少年""和美家长"的评价。	实地查看查阅资料	政教处
	安全管理	做好学生在校期间的安全监管工作,确保学生安全,发生安全责任事故能及时化解矛盾。	实地查看查阅资料	法规处
艺体工作	社团间操	1.积极支持学校社团活动,保证学生按时参加; 2.安排教师做好参赛学生的课后辅导,落实不到位; 3.大课间级部主任组织按时到位,做操动作、队形整齐,操前、操后疏散、集合安静、迅速,穿校服,衣容整洁。	实地查看	政教处
后勤工作	爱护公物	1.爱护墙裙、小鼓、足球、桌凳等公物; 2.轻声关门,保护门窗; 3.保护好暖气片,厕所隔板、布帘人; 4.保持校园外所有墙面整洁,不出现脚印、涂画、不故意损坏等; 5.节约用电,课后关灯、关电扇、关一体机。	日常巡查	总务处

管 理 篇

211

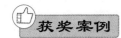 获奖案例

"和美级部"评选总结

生活需要仪式感，工作更需要仪式感。为进一步推动级部管理建设，引进竞争机制，充分发挥级部管理在教育教学中的作用，增强教师团队的凝聚力和创优意识，以达到集思广益，取长补短，共同提高的目的。涉县新北关小学依据"和美级部评价细则"对涉县新北关小学六个级部2021—2022学年第一学期工作进行综合测评。

测评活动在涉县新北关小学六个级部之间展开，共设四个评价项目，即教学工作、政教工作、艺体工作、后勤工作。为了全面细致地开展工作，学校各处室成立了专门检查组。每个检查组又分两个小组，教师组和学生会成员组。两个小组对各级部具体工作进行不定期检查，实行日计分、周总结、月排名的评分原则，最后依据月排名情况进行期末总结评分。经过校内汇报交流、全体教师测评，学校行政审议，涉县新北关小学五级部、六级部获得了2021年冬学期"和美级部"称号！

新北关小学五年级组，有身先示范、能力超群的赵飞霞主任，有踏踏实实、能力不凡的班主任们，有兢兢业业，尽职尽责的老师们。他们在教育教学的路上努力耕耘，将工作落到实处，大胆探索、携手共进，始终以最严谨的工作作风，最热忱的拳拳之心，有滋有味地忙碌并快乐着，奋斗并成长着。

奋勇前行的六年级组，他们用自己最朴实无华的行动诠释着教师这一名字的深意。踏踏实实地搞好教学工作，扎扎实实对孩子进行能力的培养。为提高教学质量想实招、鼓实劲，抓好教学质量这条生命线。孔慧芳主任声情并茂地讲述六年级组栉风沐雨砥砺前行的付出，春华秋实满庭芳的欢歌与收获。

此次评选活动，更全面地了解和检验了六个级部各项工作的开展情况，

促进了级部之间的经验交流，为今后更好地开展班级和级部工作、提高教师班级管理能力提供了新的方向。我们相信，拥有爱岗敬业、乐于奉献、团结奋进的教师集体，新北关小学的明天一定会更美好。

2021 年 11 月级部考核结果

年级	教学工作	名次	政教工作	名次	艺体工作	名次	后勤工作	名次	总名次
一年级	47.96	3	29.6	3	30	6	13	3	5
二年级	47.61	5	29.9	1	17	1	14	2	2
三年级	47.34	6	29.4	4	25	5	14	2	6
四年级	48.25	1	29.3	5	19	2	12	4	3
五年级	48.20	2	29.7	2	21	3	15	1	1
六年级	47.77	4	29.6	4	24	4	14	2	4

2021 年 12 月级部考核结果

年级	教学工作	名次（分）	政教工作	名次（分）	艺体工作	名次（分）	后勤工作	名次（分）	名次（总分）	排名
一年级	47.77	4	29.6	3	21	4	15	1	12	3
二年级	47.61	5	29.6	3	21	4	13	3	15	5
三年级	47.34	6	29.9	1	25	2	13	3	12	3
四年级	47.97	3	29.2	6	17	6	13	3	18	6
五年级	48.30	2	29.8	2	30	1	14	2	7	1
六年级	48.26	1	29.3	5	24	3	14	2	11	2

2021 年冬学段级部考核结果

年级	9月排名	10月排名	11月排名	12月排名	名次积分	排名
一年级	4	3	4	1	12	3
二年级	5	3	4	3	15	5
三年级	6	1	2	3	12	3
四年级	3	6	6	3	18	6
五年级	2	2	1	2	7	1
六年级	1	5	3	2	11	2

五级部介绍

五级部在学校领导的关怀下，在年级组各位老师的紧密配合下，成了一支工作热情，认真负责，敢于挑战，高质高效，充满阳光的队伍。老师们在班级管理和教学活动中默默奉献、刻苦钻研，为学生健康、快乐的成长营造了良好的学习和生活环境。管理有成效、教学有成绩、活动有成就，形成了自己鲜明的年级特色。

五级部活动

五级部以"爱的教育"为抓手对学生进行德育教育，诵读经典著作是学生每天必做的事情，每逢节日还开展着丰富多彩的活动，有："迎新春庆团圆"活动、"三八"妇女节活动、"我劳动我光荣"做家务活动、"香飘万里粽子传情"活动、"红色文化展厅"讲解活动、"中秋佳节共团聚"活动、"金秋九月颂师恩"活动、"迎国庆颂祖国"等，既丰富了学生的生活，又提高了孩子们学习的兴趣。

五级部展望

在学校领导的支持和帮助下，在全组老师的奋斗和努力下，五级部的工作得到了大家的认可，在此对学校领导和老师们表示由衷的感谢。我们会继续努力，携手前行，为创建和美校园贡献自己力量！

行程万里不停步 不忘初心再出发

尊敬的各位领导、老师们：

大家好！白驹过隙，星辰履移。回顾这个学期的级部工作，我感慨万千。首先感谢韩校长时时处处引领我们做好级部工作，感谢各位校级领导对我们工作的大力支持，感谢五级部全体教师的携手前行。我们一起流过汗，挥过泪，板过脸，露过笑，一起努力过。

红烛谱写希望诗，春蚕编织锦绣篇。过去的点点滴滴，都是我们美好的回忆和财富。在平时的工作中，我和四名级部副主任，常常召开级部会议，提前谋划各项工作，想尽办法把工作做到最好。就拿11月初的五级部大队委换届选举工作来说吧！五级部全体教师全部参与此活动，从最初竞演选手的层层选拔，到三次彩排，到正式演出，老师们付出了很多很多。不管是音乐的播放，选手的抽签，以及唱票、计票等环节，我们都精心安排。老师们更是冲锋在前，就连生病刚刚返校三天的杨海梅老师，也主动在教室里给其他班级的学生上课。人心齐泰山移，付出我们无悔。还有，为了搞好最后学段的复习工作，我们群策群力制定复习计划和学困生帮扶计划，努力做到厚爱学困生，关注优等生，提升中等生的育人目标。本学期，共有 38 名学生在县市各项比赛中获奖，其中 503 中队的杨佳钰获得市冰雪运动会一等奖，505 中队的王辰溪获县诗词大会一等奖。

一滴水只有放进大海才不会干涸；一个人只有融入集体才最有力量。我们五级部有勇于担当的班主任团队，像冯晓霞老师对待学生如春风如春雨，润物无声，风化于成，取得了班级考核第一名的好成绩。还有崔晓凤、肖凤楼、张宾丽、王现苗、李龙霞、常玉强、牛晓波等班主任老师，"和美评价"工作他们做得很好，也形成了良好的班风。我们还有团结奋进的数学团队，数学教师在王现苗主任的带领下认真教研，探讨教学困惑，研讨教法学法，在今冬县教师发展中心到涉县新北关小学进行了工作检查时，她们的教研活动得到了上级领导的好评。我们还有积极向上的青年教师江晓燕、李静、张孟柳等，比如在这次举行的对涉县新北关小学"红色文化展厅"内容讲解中，李静和张梦柳两位教师除了利用一切课余时间培训五级部其他六名学生之外，自己的讲解也很精彩！在我们级部乐于奉献的教师还有很多，例如，为了便于节省科学教师拿放实验器材的时间，达到走进实验室就能全心做实验的效果，申玉娥老师提前为所有班级准备了实验器材，一直到最后大家做好后又亲自整理器材归位。还有我们的马燕老师，主动替其他班级上英语课。我们的高彦云老师在我们级部年龄最大，但她乐于奉献，默默工作的精神感染着我们。本学期，五级部共有七名教师在讲课比赛中获奖，其中李龙霞、常玉强获得县讲课比赛一等奖，崔晓凤老师的安全课获县一等奖。她们在平凡的岗位上用自己的行动诠释着师德风范，用责任担当履行着育人使命，用爱心滋润着未来之花。

管
理
篇

行程万里不停步，不忘初心再出发。在新学期，我将带领五级部全体教师，以更加饱满的热情，更积极的心态担负起教育这份责任，发扬团结奋进，互帮互助的团队精神！让每一位学生的潜能得到和谐发展，培养出更多的"和美少年"，让和美教育的春风沐浴千家万户。最后祝大家元旦快乐，开心每一天！谢谢大家

五级部　赵飞霞

六级部介绍

六级部是一个有爱、智慧、团结、奋进的大家庭。每位教师在工作中都能兢兢业业、心系学生，与学校同呼吸，同学校共成长。

六级部高度重视德育工作，积极创建健康、和谐、向上的良好级风、班风。开学初，级部就确定了从狠抓学生在校行为规范教育做起，以养成教育作为德育工作的切入点，以此带动教育、教学工作的全面开展；教学上我们关注每位学生的成长，认真备好每节课，向40分钟要质量，让学生学得轻松高效！

六级部活动

在紧抓学习的同时，力求让学生的校园生活丰富多彩，各种各样的活动让学生既锻炼了能力又陶冶了情操。"学雷锋树新风""重阳登高"祖孙同乐；"童心向党"爱党爱国；"假期悦读"亲子共成长；"我手书我心"助力冬奥会；呵护低年级弟弟妹妹，为他们带上鲜艳的红领巾……学生也在一系列活动中增强了集体荣誉感，丰富了学生的校园生活。

精诚合作、沟通信任、用心向上、健康快乐是六级部不变的追求。全体教师将继续努力，创建一个团结互助、富有上进精神的先进教育教学集体。每次的评选展示都是老师们工作、学习场景的缩影，是老师们日常生活的真实写照。此次"和美级部"评选活动是对六级部全体教师工作的鞭策与激励，今后六级部继续提供升凝聚力、战斗力、创造力，为和美校园创建增光添彩！

与时俱进 团结和谐

尊敬的各位领导、各位老师：

大家好！作为今年12月份刚刚走上级部主任岗位工作的我，十分荣幸能够得到诸多锻炼。感谢校领导对我工作的认可，感谢其余级部主任对我的帮助，更感谢与我并肩作战的15位班主任和级部其余的科任教师。本人阅历浅、经验少，因此，只能在教学管理中不断尝试着，探索着，实践着……

我们的级部是一个温暖的大集体，从不缺乏认真敬业，齐心协力。下面就我们六级部在工作中的一些心得体会向大家做汇报，敬请指正。

一、脚踏实地，用行动去感召教师

要搞好级部管理，必须激发本级部教师工作的热情。"榜样的力量是无穷的"，这已经成了约定俗成的道理。我们级部几个主任现在都不足以成为教师的榜样，但我们告诉自己："我不是最棒，我可以最努力，可以用脚踏实地，以身作则的行动去感召教师。"即使孩子面临高考，分管政教、安全的李改梅主任依旧每天早早到校，和学生会成员一起查卫生、查课间操、查路队、查课间监管和孩子们一起学习。分管语文教学工作，稳重干练的宇文素红主任、多年担任毕业班英语教学的苑梅芳主任总是提前准备好期末考试的各项安排，制定复习计划，逐天分解复习要点。刚刚接手级部工作，分管数学的岳菊平主任身兼数职，同时管理班级工作和级部工作，她总是不断向其他级部主任虚心求教，最短时间内适应了级部工作……正是在各位主任的引领下，我们级部的15位班主任总是可以圆满甚至创造性地完成各项工作。我感动于教师的这种工作热情，也正是这种热情保障了各项教育教学工作的有效落实。

二、周密安排，用规范去推动工作

做服务工作是级部管理者应尽的职责，在整个学校管理中，级部主任

管
理
篇

217

是联结学校与教师之间的枢纽，并担任其中的润滑剂。在制定级部工作计划的同时，每位组长都认真组织实施，精心安排好级部的每一项活动，从而保证了级部工作正常有序地进行。

每周四下午我们都准时将翔实的下周工作安排下发到每个老师手中，粘贴到办公室前的公告栏中。我们分"重要通知、级部温馨提示、级部工作要点、教学管理方面、政教德育方面、安全管理方面、艺体工作方面、总务后勤方面"等八个模块，将工作及时、认真地传达给级部的每一位教师，才可能更好地贯彻落实。"一周一安排"，就级部管理而言，增强了计划性，让大家更加明确了自己要做什么以及怎样做，同时，也将级部的工作晾晒在全体师生面前，增加了透明度和监督的力度。就班级管理而言，由于每周工作安排的存在，班主任就不懈怠了，也为各班主任提供了交流和相互学习的平台。我们的工作留下了前行的轨迹，给了大家欣赏目光的聚焦点，这也激起了一丝情感波动的涟漪，为大家的前行增添了一点动力。

三、群策群力，用大爱情怀教书育人

爱与责任是师者的灵魂，没有爱就没有教育。六级部的十五位班主任，用责任心做事，用大爱情怀育人。王彦平、任春霞、刘凤霞、石魁叶老师，每天早晨，她们都喜欢早早到校，指导孩子们精神饱满地晨读，她们喜欢听孩子们朗朗的读书声。课间，吕淑芳、杨水清、王芳、樊红梅等科任教师都喜欢到楼道、教室门口巡一巡，看同学们安全地玩耍。放学时，她们喜欢在孩子的"再见"声中重复一句句叮咛。在这个团队中，所有老师总是群策群力，奋斗不止。

个人的智慧，仅是草尖露珠。集体的智慧，才是长河流水。每一堂精彩的课，都是年级组内教师集体备课的精髓。办公室里，语文老师讨论过生字如何教，讨论过课文如何读，古诗如何高效背诵；每一节生动的数学课，都是组内数学教师集体智慧的结果，大家一起聊过如何引导孩子们用数学的眼光看待世界，如何引导孩子们用数学的思维分析世界；妙趣横生的英语课，总是在讨论如何引导孩子们用英语语言对话，讨论语法、句子如何改写……

通过协作和分享，提高了教学效率。老师们总是及时而又完美地完成了一项又一项的工作任务。本学期，郭振芳、李晓芳、姚学利、侯建丽、鹿英英、孙俊利老师积极参与校级公开课比赛，精心设计教学，获得了学校领导们的一致好评。苑梅芳、杨慧芳老师更是在三段六环节课改展示活动中勇挑重担、大放异彩。

管理是一门永远学不完的艺术，级部管理也是与时俱进的。身在六级部这样一个团结和谐的大家庭中，遇见每个人都觉得是一种幸运，我们六级部的全体教师共同营造了温馨的工作氛围，亲如一家人。

我们坚信：没有完美的个人，只有完美的团队。我们每个人都在新北关小学这个和美的大家庭中发挥自己的光和热，贡献自己的力量，才能让和美教育之花开得更美，才能将和美教育之路行得更远！

六级部　孔慧芳

"和美家长"评选

 **评价方法**

　　"和美家长"主要从家风家教、育子方式、家校共育三个方面进行评选，根据相关要求和标准，经班主任推荐，由级部考评通过。

考核项目	评价标准
家风家教	1.举止文明礼貌，不打架，不说粗话、脏话，无不良嗜好； 2.家庭和睦，创建民主、平等、和谐的家庭环境； 3.家长有健康向上、科学文明的生活态度； 4.尊重教师，尊重孩子，理解别人，有较高的个人修养，不和教师发生冲突； 5.努力挖掘孩子潜能，关心孩子全面发展，积极支持孩子参加各项兴趣爱好，培养特长，促进孩子综合素质的不断提高。
教子有方	1.家长教育子女方法科学，善于与子女沟通，努力为孩子创造良好的家庭教育环境； 2.引导子女参加力所能及的家务劳动及社会公益劳动，培养子女的自理能力和劳动习惯； 3.坚持正面教育，关心爱护子女，但不溺爱；严格要求子女，但不打骂，不歧视，尊重子女人格尊严； 4.培养子女良好的学习习惯，方法要正确，避免盲目的横向攀比，引导孩子正确的人生观和价值观。

考核项目	评价标准
支持班级	1.遵守班级规章制度，教育孩子不迟到，不早退，不随意旷课，有事能履行请假手续； 2.支持班级工作，积极协助学生按时完成教师布置的活动任务。（比如社会实践活动、资料搜集整理、学生预习复习、各类调查问卷等）； 3.积极参加班级活动，每学期最少在班内做一次经验交流； 4.热心为班级服务，为班级发展献计献策； 5.积极协助孩子完成"和美少年"评选活动，并鼓励孩子向"和美少年"努力奋进； 6.经常与老师取得联系，出现问题及时沟通，积极配合老师对孩子进行教育。
奉献爱心	1.关心学校发展，支持学校工作，为学校献计献策； 2.积极参加学校组织的家长志愿服务活动，积极正面宣传学校。
率先垂范	1.夫妻互敬互爱，为孩子树立与人和谐相处的榜样，营造和睦的家庭环境，提升孩子的幸福感； 2.做一个温和、阳光、自信、诚实、友好、善良、包容的人，用良好的人格指引孩子的成长； 3.不在孩子面前争吵，不在孩子写作业时玩手机、看电视或打麻将等，不影响孩子的身心健康和学习； 4.对孩子一定要做到言而有信，认真对待孩子每份小期待，小心翼翼地维护孩子对自己的信任； 5.作息时间要规范，不熬夜，要早起，培养孩子早睡早起的作息习惯； 6.父母要多用积极乐观的心态看问题，给孩子传递正能量，教孩子发现生活中的真善美； 7.平时做事情要有计划，要重视孩子时间观念的培养，让孩子认识到时间的重要性，学会管理时间； 8.家长热爱学习，通过学习提高自己的知识水平、思想境界，同时为孩子树立良好的榜样。

管理篇

考核项目	评价标准
育子方式	1.关心孩子的衣食住行，同时还要关注孩子的学习和成长，为孩子进入青春期保驾护航； 2.不拿孩子与"邻居"家孩子比较，尊重孩子的人格尊严，与孩子平等相处，和孩子建立朋友式的沟通渠道； 3.多陪伴孩子，能定期带领孩子参与有益的活动，每年能带孩子外出旅行1-2次，开阔孩子的视野，丰富孩子的见识； 4.不以工作忙为由，疏忽对孩子的管理，工作再忙，也要在孩子的学习上花点时间。 5.尊重孩子的选择，把选择权交给孩子； 6.帮助孩子学会自己照顾自己，多鼓励孩子去了解新鲜的人或事、多倾听孩子的心声； 7.时常对孩子进行理想教育，引导孩子树立远大而有意义的理想，但不限制孩子的理想； 8.家长培养孩子正确的交友观，但不束缚孩子的友谊，尊重孩子的交友选择，及时帮孩子处理与朋友的纷争。
家校共育	1.积极参加家长会，能热心参与班级其它活动，为班级建设出谋划策；对学校进行正面宣传； 2.经常与老师保持联系，及时和老师交流孩子在家和在校的表现； 3.能与孩子实现家庭共读，为培养孩子良好的阅读习惯奠基； 4.永远给予孩子希望，用实际行动告诉孩子：幸福生活都是创造出来的； 5.多培养孩子的动手能力，鼓励孩子从事有意义的社会实践活动和家务劳动，培养孩子吃苦耐劳的精神； 6.正确对待孩子与同学之间的问题或矛盾，配合学校处理好发生在孩子们之间的事情，家长与家长之间关系和谐； 7.支持班级工作，积极完成老师和班主任布置的各项任务，为班级发展做过贡献； 8.积极参加"和美少年"评选活动，并鼓励孩子向"和美少年"努力奋进。

新北关小学 2022 年 "和美家长" 评选申报表

学生姓名	刘潇宇	班级	202	家教 理念	每一个父母都应该用一生的力量说出"我相信你，孩子"！
父亲姓名	刘辉	工作单位	个体		
母亲姓名	吴沛娟	工作单位			

家教 感悟 (附一张亲子生活照)	 古语有云：志之所趋，无远勿届，容山距海不能限也。一个孩子心知所向的理想，一个明确的人生目标，将会成为孩子未来人生的灯塔和源动力，让孩子在成长的过程中，不管面对怎样的坎坷，都坚定且勇敢，因为心有所向，所以不惧怕困难。作为父母能做的，就是引导孩子找到正确的方向---真正适合孩子自己的领域，而不是跟风的"别人觉得好"的领域。现在的社会不再是死读书就可以的社会，发展孩子的兴趣特长，促进孩子均衡发展是很有必要的，所以找准了孩子的天赋领域之后，进行针对性的培养，让孩子在不丢失童年快乐的前提下收获成就感。
班级 意见	同意，推荐 班主任：冯丽云
年级组 意见	年级组长（签字）：贾华兵 2022 年 12 月 29 日
学校 意见	负责人（签字）：张淑丽 2022 年 12 月 30 日

管理篇

223

新北关小学 2022 年 "和美家长"评选申报表

学生姓名	张凌薇	班级	603	家教理念	待人诚信 言而有信 从不失信
父亲姓名	张海涛	工作单位	中铁三局		
母亲姓名	王静	工作单位	无		

家教感悟 (附一张亲子生活照)	老师常常教育我们，不管在生活中，还是学习上，都一定要有美德的存在。我从小就教育孩子立志向善，并将志向付诸实际行动中。在家中，对待亲人，以礼相让，常帮爸爸妈妈做一些力所能及的家务，打扫卫生、擦擦桌子、洗洗袜子，让亲情其乐融融。在学习中，乐于助人，真诚奉献。每一次的挑战都能主动出击，把握住每一次机会。但每一次未必都能成功，人生难免有挫折，失败。在起起落落的心情中希望你能很好地把握自己，不断调整前进的步伐，学会善待自己，善待别人，严于律己，宽以待人。送你一句话，与你共勉：路漫漫其修远兮，吾将上下而求索。
班级意见	同意 班主任：程小芳
年级组意见	年级组长（签字）：赵飞霞 2022 年 12 月 30 日
学校意见	负责人（签字）：张淑丽 2022 年 12 月 30 日

224

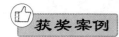

二级部"和美家长"表彰通报

为进一步推进涉县新北关小学家庭教育的健康发展，优化学生成长环境，努力实现学校教育与家庭教育、社会教育有机结合的要求，学校开展了"和美家长"评选活动。经班主任推荐，级部考评通过，决定评选李依辰家长任萍萍女士等 12 名家长为涉县新北关小学二级部"和美家长"，现予以通报表彰。

学校希望获得表彰的家长，发扬成绩，再接再厉，继续做好家庭教育。也希望全体家长以受表彰的家长为榜样，努力学习家庭教育知识，关心、支持学校的发展，积极参与家长服务班级、学校活动，以德育人，努力提高未成年人思想道德建设，为培育新世纪合格人才作出更大的贡献。

附：

二级部"和美家长"名单

班级	和美家长		班级	和美家长	
201	李依辰家长	任萍萍女士	202	杨立雪家长	陈昊月女士
203	张梦哲家长	赵晓慧女士	204	王佳润家长	郭郑丽女士
205	闫　哲家长	王书俊女士	206	刘柯研家长	王海梅女士
208	赵泓学家长	郑春梅女士	209	肖嘉豪家长	汲亚楠女士
210	杨嘉懿家长	王玉洁女士	211	王烨彤家长	李文丽女士
212	张梦佳家长	肖军丽女士	213	房怡静家长	房怡静家长

管
理
篇

三级部"和美家长"表彰通报

为进一步推进涉县新北关小学家庭教育的健康发展,优化学生成长环境,努力实现学校教育与家庭教育、社会教育有机结合的要求,学校开展了"和美家长"评选活动。经班主任推荐,级部考评通过,决定评选赵墨妍家长刘彦丽女士等13名家长为涉县新北关小学三级部"和美家长",现予以通报表彰。

学校希望获得表彰的家长,发扬成绩,再接再厉,继续做好家庭教育。也希望全体家长以受表彰的家长为榜样,努力学习家庭教育知识,关心、支持学校的发展,积极参与家长服务班级、学校活动,以德育人,努力提高未成年人思想道德建设,为培育新世纪合格人才作出更大的贡献。

附:

三级部"和美家长"名单

班级	和美家长	班级	和美家长
301	赵墨妍家长　刘彦丽女士	302	马钰宁家长　杨淑青女士
303	李梓豪家长　任连风女士	304	郭昭雪家长　郭贝贝女士
305	吕蕊洁家长　王江平女士	306	付若鲜家长　吕季梅女士
307	赵鑫垚家长　徐彩霞女士	308	李雨轩家长　李世文女士
309	宋子豪家长　王　慧女士	310	赵一鸣家长　杨会宁女士
311	王思茹家长　曹二梅女士	312	赵昊楷家长　董翠红女士
313	李子怡家长　刘巧利女士		

四级部"和美家长"表彰通报

为进一步推进涉县新北关小学家庭教育的健康发展，优化学生成长环境，努力实现学校教育与家庭教育、社会教育有机结合的要求，学校开展了和美家长评选活动。经班主任推荐，级部考评通过，决定评选肖锦朋家长尹静云女士等10名家长为涉县新北关小学四级部"和美家长"，现予以通报表彰。

学校希望获得表彰的家长，发扬成绩，再接再厉，继续做好家庭教育。也希望全体家长以受表彰的家长为榜样，努力学习家庭教育知识，关心、支持学校的发展，积极参与家长服务班级、学校活动，以德育人，努力提高未成年人思想道德建设，为培育新世纪合格人才作出更大的贡献。

附：

四级部"和美家长"名单

班级	和美家长	班级	和美家长
401	肖锦朋家长　尹静云女士	402	李灿阳家长　付慧洁女士
403	申子萱家长　程晓伟女士	404	刘熠君家长　王阳洋女士
405	王熠晨家长　史少珍女士	406	张雨萱家长　张利平女士
407	李刘依依家长　刘白鸽女士	408	张鑫蕊家长　韩河芳女士
409	李熠欣家长　李艳红女士	410	王子玉家长　李水叶女士

管
理
篇

五级部"和美家长"表彰通报

为进一步推进涉县新北关小学家庭教育的健康发展，优化学生成长环境，努力实现学校教育与家庭教育、社会教育有机结合的要求，学校开展了"和美家长"评选活动。经班主任推荐，级部考评通过，决定评选袁慕野家长等14名家长为涉县新北关小学五级部"和美家长"，现予以通报表彰。

学校希望获得表彰的家长，发扬成绩，再接再厉，继续做好家庭教育。也希望全体家长以受表彰的家长为榜样，努力学习家庭教育知识，关心、支持学校的发展，积极参与家长服务班级、学校活动，以德育人，努力提高未成年人思想道德建设，为培育新世纪合格人才作出更大的贡献。

附：

五级部"和美家长"名单

班级	和美家长	班级	和美家长
501	袁慕野家长	502	王轶博家长
503	刘涵诚家长	504	陈禹翔家长
505	常恒瑞家长	506	郝烁冉家长
507	李辰怡家长	508	康柏毓家长
509	卢秋菲家长	510	王武玥家长
511	江欣然家长	512	申庆灏家长
513	李晗伊家长	514	赵梦欣家长

六级部"和美家长"表彰通报

为进一步推进涉县新北关小学家庭教育的健康发展，优化学生成长环境，努力实现学校教育与家庭教育、社会教育有机结合的要求，学校开展了和美家长评选活动。经班主任推荐，级部考评通过，决定评选康梓莹家长康彦珍女士等 15 名家长为涉县新北关小学六级部"和美家长"，现予以通报表彰。

学校希望获得表彰的家长，发扬成绩，再接再厉，继续做好家庭教育。也希望全体家长以受表彰的家长为榜样，努力提高未成年人思想道德建设，为培育新世纪合格人才作出更大的贡献。

附：

六级部"和美家长"名单

班级	和美家长	班级	和美家长
601	康梓莹家长　康彦珍女士	602	宋宇墨家长　宋晓明女士
603	杨帅锋家长　杨利芳女士	604	谢雨宸家长　江苗苗女士
605	江　瑞家长　刘锋会女士	606	范子轩家长　于秀秀女士
607	戴诗瑜家长　贾海霞女士	608	侯润佳家长　侯少东先生
609	赵瑞涵家长　赵广军先生	610	张阳杰家长　赵军兰女士
611	张译心家长　崔晨璐女士	612	程栩博家长　李媛媛女士
613	刘紫芊家长　魏花荣女士	614	杨梓琦家长　张彦华女士
615	曹浩楠家长　李月香女士		

与孩子一起成长

尊敬的老师，各位家长：

　　大家好！我是李子怡的妈妈，首先感谢老师给予我这么好的一个机会，在这里和大家分享孩子成长教育的心得。

和美家长与和美少年亲子合照

　　在分享之前我首先要感谢各位老师对孩子的教育、培养、关心和爱护，如果没有各位老师的辛勤培育我们的孩子是不会有这么大的进步的，所以我首先要向各位老师说声"谢谢"，谢谢各位老师对孩子的关心。说到教育，作为家长，除了言传身教和陪伴，我也没有什么特别的方法，以下是我平时培养孩子学习习惯及家庭教育所积累的心得，希望能与在座的各位家长朋友们共勉！

　　首先，培养孩子的阅读兴趣。一是抓住孩子兴趣。孩子想要阅读的时候，就尽量满足孩子的愿望，她要的书籍只要是适合孩子看的，我们都要买给她，相信只要孩子对阅读有兴趣，随着她知识面的拓展，就会慢慢地喜欢上有用书籍的阅读了。二是图书类别选择。在形式上尽量选择图文并茂的书籍，在内容上还是以生动的故事为主，逐步增强故事的教育意义。

其次，重视孩子的家庭教育。一是学会欣赏与鼓励。当孩子学习有进步，或者看了一本好书的时候，都适时对孩子进行夸奖。二是培养自觉习惯。小学阶段是孩子自觉性、好习惯的养成阶段。包括个人生活的早睡早起，每天刷牙，力所能及的事情自己做等等。三是为孩子创造一个良好的家庭学习环境，有相对独立的、安静的学习场所。家长还要以身作则，不要看手机，多看书、多学习，做到言传身教。

最后，我觉得家长和老师的沟通是不可缺少的，向老师了解孩子在学校的学习情况，也及时地把孩子在家的表现告诉老师，达到共同教育的目的。

我知道孩子所取得的每一点进步都离不开各位老师的教诲，离不开同学们无私的帮助，也离不开家长的辛勤付出。

我们都希望自己的孩子是聪明而不失可爱的，每个家庭都有自己教育孩子的方式和方法，对我来说，学习上要给孩子一定的压力，但也不能失去孩子的快乐童年。我相信，有我们的陪伴，有老师的科学指导，孩子们一定会茁壮成长！

后 记

涉县新北关小学自2009年建校以来，始终坚持德育为首、五育并举的教育理念，在校园文化建设中日渐形成和美德育、和美教学、和美管理"三大体系"，使育人质量得到显著提升。在德育教育工作实践中，为避免德育教育工作无章可循，我校总结出以节庆、养习、管理为抓手的和美德育体系，得到社会广泛认可。河北教育宣传中心、《河北教育》编辑部曾多次专访我校，尤其是对"和美少年""和美教师"等的评选工作赞赏有加，并多次报道我校德育管理工作的先进做法。《河北教育》编辑部副主任、副编审、河北教育名师团秘书长葛典社与学校党支部书记、校长韩海河多次探讨，总结德育教育工作经验，决定编写本书。

为高质量完成本书，学校专门成立以党支部书记、校长韩海河为主任的编撰委员会，组织召开学校中层及以上领导班子会议，专题研究该书的编撰工作，强调编写本书的意义和具体要求。编写过程中，韩校长亲自审定该书的编排大纲，副校长李文丽担任执行主编，负责编排协调等具体工作，党支部副书记李学军和副校长张淑丽、刘卫丽负责各分管工作相关资料的收集审定。

在编辑过程中，由学校政教处牵头，负责收集历年来学校各项活动的计划、记录、原始照片等，全体教师纷纷动手，穷尽办法，从电脑、手机上查找收集到大量文字案例和珍贵图片。各主管领导分头对海量资料进行了筛选和审定，反复求证，逐字核校，力求为编写提供全面翔实准确的资料。杨伟田、贾华兵、张彦华、赵飞霞、范丽娜、孔慧芳等中层领导，对该书的编写非常关注，繁重的教务工作之余，牺牲星期天、节假日，诚其心、倾其力，积极参与资料的收集和校改，书中尽见。

全书共计233千字，编写人员数易其稿，前后历时达一年之久。其间，涉县教育体育局各位领导给予关心和支持；思政艺术科、教研室进行了认真指导；葛典社副主任对本书的出版事宜进行牵线联系，并对全书内容进行审订把关；肖凤楼、刘慧丽、李改梅、孙俊丽、陈苏妮等教师在编排、校对上付出大量心血；涉县文硕文化传媒有限责任公司在排版设计上给予热忱帮助，在此一并表示感谢。

　　本书编写，我们力求完美，但由于水平有限，书中难免存在错漏和瑕疵，诚望各级领导和教育同仁给予批评指正。

编　者

2023 年 4 月